2판

몬테소리 수학 교육

배진영 | 송미령 | 왕기은 | 이성숙

[분홍탑몬테소리연구소 편]

창지사

머리말

몬테소리 교구들은 각 영역마다 특색이 다르고 각각 서로 다른 매력과 장점을 가지고 있다. 몬테소리 수학 교육은 유아가 어렵게 느낄 수 있는 수 개념을 쉽게 순서를 따라 체계적으로 준비되어 있다는 점이 가장 매력적이다. 상식적으로 보기에 유아에게 매우 어려울 것이라고 느껴지는 십진법, 덧셈, 곱셈, 뺄셈, 나눗셈 등의 사칙 연산 활동들도 몬테소리 방법으로 접근하면 만 4~5세 유아들도 쉽게 이해하는 것을 볼 수 있다.

몬테소리 교육을 배우는 교사들은 몬테소리 수학 교육에 포함되어 있는 학습 내용이 많아서 수학 교육에 대한 참고 도서를 많이 기다려 왔다.

본서는 몬테소리 교육을 배우는 교사들에게 몬테소리 수학 교육의 전체적인 내용을 정리해서 보여주고 기본적인 이해를 돕는 데 의미를 두고 있다. 따라서 교구 작업의 제시 방법은 교사 연수에서 제시되는 것보다 간략하게 서술하였다. 제시 방법을 간략하게 서술하는 것이 전체적인 흐름을 정리하는 데 더 도움이 될 것이라는 점에서, 그리고 세부적인 부분은 실제 워크숍을 통해서 정확하게 배워질 수 있다는 점을 고려한 결정이다. 그리고 몬테소리 교육을 심도있게 이해하려면 1년 과정으로 운영되는 현직 교사 연수 과정을 거쳐야 한다는 것을 전제로 하였다. 또한 몬테소리 수학 교육에는 많은 부교재 작업과 변형, 응용 활동들도 병행된다. 이 모든 것들은 1년 과정에서 이루어지는 워크숍을 통해 보다 구체적으로 제시되고 있다.

일상 생활, 감각 교육, 언어 교육에 이어 오랜 기다림 끝에 출판되어지는 수학 교육 책을 많은 선생님들이 기다리고 계시는 것을 알고 있기에 기다려 주심에 대한 감사함과 더불어 필자들로서는 또 하나의 과제를 끝낸 홀가분함을 기대해 본다.

본서의 공동 저자들은 분홍탑몬테소리연구소를 공동으로 운영하면서 각 영역별 응용 변형 활동에 대한 연구와 부교재 작업의 발전을 위해 지속적으로 연구하고 있으며, 몬테소리 5개 영역의 부교재들을 모두 새롭게 제작하기도 하였다. 또한 몬테소리 프로그램을 적용하고 있는 유아 교육 기관들의 원 운영에 관한 연구도 함께 병행하여 몬테소리 교실의 정착을 도우려 하고 있기도 하다.

책으로 나온 수학 교육의 모습은 한편으로 뿌듯함을 주면서 한편으로는 부족해 보이는 부분에 대한 아쉬움을 가지게 한다. 마지막 남은 몬테소리 문화 영역의 출판을 함께 기다리며 분홍탑몬테소리연구소를 사랑하는 모든 선생님들과 원장님들께 감사를 드린다.

그리고 항상 책을 아름답게 만들어 주시고 책의 출판을 기꺼이 허락하시는 창지사와 편집부 여러분께 감사의 말을 지면으로 남기고 싶다.

분홍탑몬테소리연구소에서
저자들

차 례

수학 교육 개요

1. 수학 교육의 목표
2. 수학 교육의 내용
3. 수학 교육의 원리
4. 수학 교육의 의의

인간에게는 자신이 주변 환경으로부터 받은 인상을 정신 세계 속에 정리하는 능력, 즉 추상화하고 상징화하는 능력을 지니고 있다. 유아가 추상적 개념을 이해할 수 있기 위해서는 환경 안에서 주어지는 구체물과의 상호 작용을 통해서 어떤 개념을 먼저 구체적으로 이해하고 그 후에 자신이 이해한 개념을 상징화하고 추상화할 수 있다. 몬테소리 수학 교육은 인간이 사용하고 있는 상징 체계 중의 하나인 수 체계와 수 조작을 소개하는 영역이다.

수학은 많은 사람들이 본능적으로 싫어하거나 힘들다고 느낀다. 그리고 수학은 추상적인 부호와 논리로 구성되어서 매우 냉정하며 인간적인 것과는 거리가 먼 것처럼 보인다. 그러나 우리는 유아가 수학에 대해 긍정적인 태도를 가지고 수학을 사랑하게 되고, 수학은 세상을 보다 잘 이해하기 위해 인간이 필요에 의해서 만들어 놓는 하나의 상징 체계임을 이해하고 수학에 대한 흥미와 열정을 가질 수 있도록 도와야 한다.

몬테소리는 유아의 정신 세계와 지능 발달의 기초가 되는 교육으로서 수 교육을 매우 중요하게 여겼으며, 수학적 두뇌의 형성과 논리적 사고력을 기르는 것을 수학 목표로 하였다. 유아가 수학의 기초가 되는 개념을 환경 안에서 감각을 통하여 흡수하게 함으로써 유아에게 내재해 있는 수학적 정신을 발전시킬 수 있도록 일찍부터 환경을 마련해 주는 것이 중요하다고 보았다. 또한 유아의 발달 수준에 적합하게 개발된 체계적인 교구 작업을 통하여 수학을 이해하기 쉬운 학습 활동으로 느끼도록 구성함으로써 수학에 대한 긍정적인 태도를 형성하도록 해야 한다고 하였다. 이를 바탕으로 보다 구체적인 수학 교육의 목표를 살펴보면 다음과 같다.

1 수학 교육의 목표

(1) 수 체계와 수 조작의 개념 이해

유아에게 있어서 수 개념은 일상 생활에서의 필요성과 논리 수학적 사고를 기르는 데 필요한 기초적인 개념으로서 필요하다. 몬테소리 수 교육에서는 0부터 9의 수 개념을 기초로 한 수 체계를 유아에게 감각적인 방법으로 소개함으로써 유아의 수 개념 형성을 돕고자 하였다. 이를 토대로 십진법을 소개하여 1~9000까지의 수 체계와 1~9999까지의 연속수를 이해할 수 있도록 구성되었다. 또한 수를 이용하여 이루어지는 덧셈, 뺄셈, 곱셈, 나눗셈들의 수 조작 개념을 이해하도록 여러 가지 교구 작업이 준비되어 있다.

(2) 수학에 대한 긍정적인 태도 형성과 흥미 유발

몬테소리 수 교구는 유아의 발달 수준을 고려하여 이에 적합한 구체물을 이용해서 수 개념을 소개한다. 또한 수 개념의 발전 순서와 난이도에 따라 순서적으로 구성된 교구 소개 과정을 따름으로써 유아가 수학을 쉽게 이해할 수 있도록 구성하였다. 유아가 수 개념을 많이 이해하고 수 조작을 잘하게 되는 것도 좋은 일이지만 수학은 쉽게 이해할 수 있고 재미있는 활동이라는 인식과 태도를 형성하는 것이 더 중요한 문제라고 인식하였다. 따라서 철저하게 수의 발전 단계와 난이도를 고려하여 수를 소개한다.

(3) 수학적 두뇌 발달을 촉진하기

수학적 사고는 정확성과 순서에 대한 이해를 토대로 발달된다. 그리고 수학적 사고에서 길러진 정확성에 대한 이해는 정확성을 추구하는 과학적 사고의 기초가 된다. 또 수학적 사고에서 길러지는 순서성에 대한 이해는 논리적 사고의 기초가 되며 논리적 사고는 추상적 사고를 가능하게 한다. 숫자라는 상징적 기호가 지니는 의미를 구체적으로 이해하여 기호를 사용한 수 조작은 논리적 · 추상적 사고의 한 형태이다. 결론적으로 몬테소리 수학 교육의 목표는 수 개념의 이해 과정에서 정확성과 순서성의 이해를 강조함으로써 수학적 두뇌 발달을 촉진하고 이를 토대로 과학적 사고, 논리적 사고, 추상적 사고의 기초를 형성하고자 하는 것이다.

2 수학 교육의 내용

(1) 0~9의 개념 소개

- 0~9까지의 숫자를 세는 방법을 소개한다.
- 0~9까지의 숫자를 읽는 방법을 소개한다.
- 0~9까지의 양과 수를 1 : 1 대응시켜 소개한다.

(2) 십진법의 소개

- 십진법의 수 체계를 소개한다.
- 11~19까지의 연속수를 소개한다.
- 1~9000까지의 수 체계를 소개한다.
- 1~9000의 수 체계를 이용하여 4자리의 숫자를 만들고 읽는 방법을 소개한다.
- 10진법을 기초로 자릿수의 교환을 소개한다.

(3) 연속수의 소개

- 1~10까지의 연속수를 소개한다.
- 11~99까지의 연속수를 소개한다.
- 1~100까지의 연속수를 소개한다.
- 1~9999까지의 연속수를 소개한다.

(4) 사칙 연산

- 금색 구슬을 통하여 덧셈, 곱셈, 뺄셈, 나눗셈의 개념을 구체적으로 소개한다.
- 우표놀이 등의 활동을 통하여 사칙 연산을 점차 추상적인 수준으로 소개한다.

(5) 암산과 추상에 의한 사칙 연산

- 구체적인 사물의 도움 없이 암산과 추상에 의해 사칙 연산을 할 수 있는 방법을 소개한다.

(6) 분 수

- 실물과 분수 교구를 통하여 분수의 개념을 소개한다.

3 수학 교육의 원리

추상적이고 상징적인 체계를 사용하는 수 개념을 소개하기 전에 유아는 먼저 일상 생활 속에서 수학 교육의 기초가 되는 활동들을 접하는 기회가 주어져야 한다. 예를 들면 주변에서 볼 수 있는 사물을 분류하는 활동들 속에서 사물의 형태나 크기의 차이를 인식하고, 유사성과 차이점을 식별하는 능력 기르기, 질서있게 작업하기 등을 연습하는 과정에서 순서성의 개념을 길러 준다. 감각 교구 작업에서 크다 · 작다, 길다 · 짧다, 가늘다 · 굵다와 같은 개념의 학습은 수학에서 길이, 양, 부피 개념의 기초가 된다. 언어 영역의 패턴 활동은 연속수에서 나타나는 수의 반복, 순서성, 수학 공식 이해의 기초가 된다. 이와 같이 일상 생활과 여러 영역의 몬테소리 교구 작업 속에서 수학적 개념을 이해하는 데 도움이 되는 다양한 활동들을 충분히 경험하도록 하는 것은 수학 교육의 기본 원리이다. 그러나 더 좁은 의미로 수학 교육에 보다 직접적이고 구체적으로 관계되는 교육 원리를 살펴보면 다음과 같다.

첫째, 양과 수를 구체물을 이용하여 감각적으로 제시한다. 예를 들면 1~10의 개념을 소개할 때 반드시 그 숫자가 의미하는 양을 구체물을 통해서 제시해 주어야 한다.

둘째, 양을 먼저 소개하고 숫자를 소개한 후, 양과 수의 1 : 1 대응을 통해 양과 수의 관계를 이해하도록 한다. 예를 들면 1~10의 개념을 소개하고자 할 때 먼저 수막대를 통하여 막대를 세어봄으로써 양을 세는 방법을 소개한 후, 모래 숫자를 통해 숫자를 읽는 방법을 소개하고, 수막대와 수카드 짝짓기를 통해 양을 나타내는 사물과 숫자 기호를 1 : 1 대응시키는 작업을 소개한다.

셋째, 다양한 연습 활동을 통해 수 개념의 이해를 돕는다. 예를 들면 수막대와 수카드 짝짓기 활동의 기본 제시 후에 수막대를 섞어 놓은 상태에서 숫자를 찾아서 짝짓기를 해보도록 하거나, 반대로 숫자카드를 섞어 놓고 수막대에 알맞은 숫자를 찾아 놓아 보게 하는 것과 같은 연습 활동을 다양하게 제시하기도 하고, 다양한 교구를 새롭게 만들어서 1~10의 양과 수의 결합을 이해하도록 돕는다.

넷째, 선행 교구가 이해되었는지 확인한다. 수학 영역의 교구는 선행 교구를 이해하지 못하면 다음 교구를 할 수 없는 경우가 많다. 따라서 수 교구를 소개할 때는 그 교구 작업의 선행 교구에 대한 이해가 충분히 이루어졌는지를 확인하여야 한다.

다섯째, 유아의 발달 수준과 난이도를 중요하게 고려한다. 유아의 발달 수준에 맞지 않게 너무 어려운 교구를 제시하거나 너무 쉬운 교구를 제시하게 되는 경우에 유아가 수학이 어렵거나 재미없다고 느끼게 된다.

여섯째, 구체적인 사물과 함께 수 개념을 소개하고 점차 추상적인 내용으로 발전되도록 한다. 예를 들면, 사칙 연산의 개념을 소개할 때 1, 10, 100, 1000의 수가 상징하는 양을 구체적으로 보여주는 금색 구슬을 이용한 은행놀이를 소개한 후 우표놀이를 소개한다. 우표놀이는 1, 10, 100, 1000의 숫자가 나타내는 양을 똑같은 크기의 숫자 타일로 표현하고 있기 때문에 1, 10, 100, 1000의 숫자의 크기를 숫자 타일만 가지고는 알 수 없어서 보다 추상적으로 양이 표현된 교구이다. 따라서 보다 구체물로 수가 표현되는 은행놀이 작업 후에 보다 추상적으로 양이 표현되는 우표놀이를 소개하는 순서로 사칙 연산의 소개가 이루어져야 한다.

일곱째, 교구를 정확하게 준비한다. 0~9의 개념을 소개하는 교구들에 필요한 구체물의 수는 45개이며, 1~10의 개념을 소개하는 교구들에 필요한 구체물은 55개이다. 이와 같이 수 교구는 활동마다 필요한 구체물의 숫자를 정확하게 준비해 주어야 유아가 스스로 실수를 정정할 수 있게 되며 작업을 성공적으로 끝냈을 때 성취감이 더 높아진다.

여덟째, 시범이 정확하게 이루어져야 한다. 정확성과 순서성은 수학 활동의 기본적인 요소이다. 교구 시범이 정확하게 이루어져야 수 개념의 이해가 정확해진다. 교구 시범을 정확하게 하기 위해서는 언어적인 상호 작용이 정확해야 하며, 필요 이상으로 수학적 원리를 복잡하게 설명하는 것은 오히려 수학을 어렵게 느껴지게 할 수도 있다. 따라서 교구를 제시할 때의 상호 작용은 정확하고 명료하게 그리고 간결하게 이루어져야 한다.

④ 수학 교육의 의의

유아 수학 교육은 인간이 고안해낸 상징 체계인 수 체계를 유아가 이해하도록 도움으로써 수를 이용한 논리적인 사고와 과학적 사고를 할 수 있는 기초를 형성하여 유아의 인지 발달을 돕는다. 몬테소리 수학 교육에서는 유아의 발달 수준에 적합하도록 구체물을 이용하여 수의 개념과 수 체계를 소개함으로써 수학에 대한 유아의 흥미를 유지하고 수학에 대한 긍정적인 태도를 가지도록 하는 데 중점을 둔다. 또한 사칙 연산을 소개함으로써 수 조작의 개념을 이해하도록 돕고 이를 통해서 유아가 추상적 사고와 상징적 사고를 발달시키게 된다.

결론적으로 몬테소리 수학 교육은 유아의 인지 발달을 촉진함으로써 정신 세계 구축에 도움을 줌으로써 유아의 지적인 생활의 성장 발달을 돕는다.

| Chapter 1 |

0~10의 수 소개

Montessori

수 막 대

Mathmetics

교　　구

길이가 증가하는 10개의 나무 막대

- 막대 길이는 10cm에서 1m로 각 막대마다 10cm씩 증가한다.
- 각 막대는 매 10cm마다 빨간색과 파란색이 교대로 칠해져 있다.

대상 연령

3세 이상

선행 학습

빨간 막대

빨간 막대와 수막대의 연결

교　　구 수막대, 빨간 막대, 매트 3장

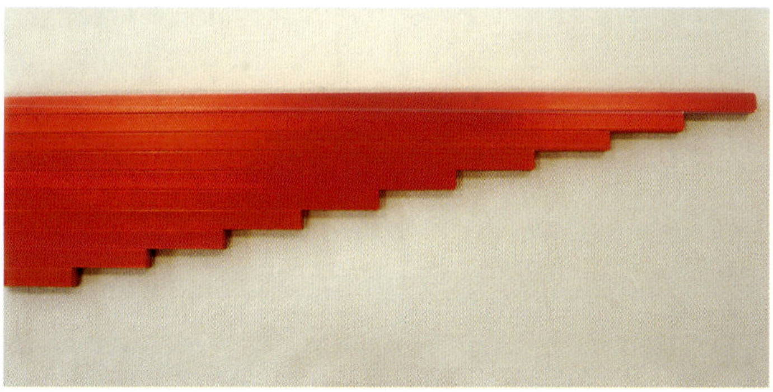

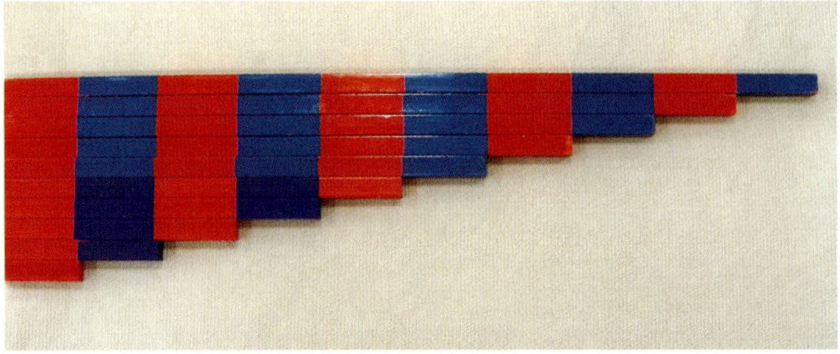

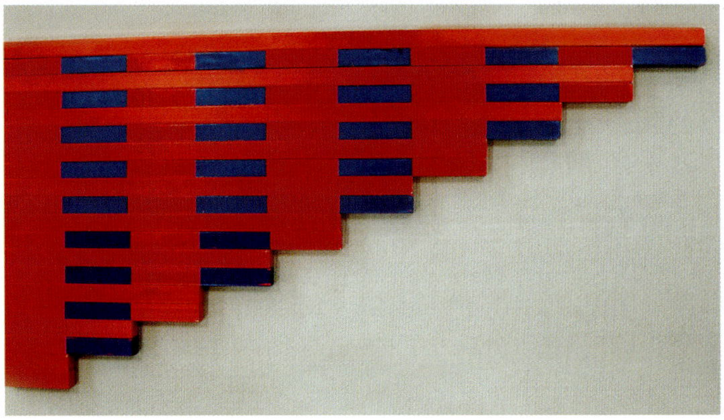

제시 방법

❶ 유아를 초대하여 활동명과 교구 위치를 알려준다.

❷ 세 장의 매트를 펴고 한 장의 매트에 빨간 막대, 다른 매트에는 수막대를 나열한다.

❸ 세 번째 매트에 가장 긴 빨간 막대를 매트 상단에 놓고 같은 길이의 수막대를 찾아 나열된 빨간 막대 밑에 놓아보도록 한다.

❹ 빨간 막대와 수막대를 유아와 함께 비교해 본다.

❺ 수막대는 수를 쉽게 셀 수 있도록 빨간색과 파란색으로 나뉘어져 있다고 설명한다.

❻ 나머지 막대들도 같은 방법으로 비교해 본다.

❼ 교구와 매트를 정리한다.

변　형

- 먼(교실의 한쪽과 다른 한쪽 끝) 거리에서 짝을 찾아 계단을 만든다.
- 이중 계단을 만든 후 가장 긴 막대와 모두 똑같은 길이를 만들어 본다.

응 용 게임

대집단 시간에 유아들에게 수막대와 빨간 막대를 하나씩 나누어 준 후 교사가 한 유아를 지적하면서 그 유아가 갖고 있는 막대와 같은 길이의 막대를 갖고 있는 유아를 찾도록 한다. 자신이 갖고 있는 막대가 같은 길이라고 생각하는 유아가 막대를 가지고 앞으로 나오면 교사는 두 유아의 막대를 대보아 맞으면 두 유아를 나란히 앉힌다.

언 어 수막대, 빨간색, 파란색, 길다, 짧다, 계단, 이중 계단

몬테소리 감각 교구의 일차적인 목적은 감각의 훈련을 위한 것이지만 다른 한편으로는 수 영역의 준비 단계로서의 의미도 지닌다.
빨간 막대는 길이의 변화에 대한 시각적 변별력을 발달시키는 것이 목적이지만 부수적인 목적으로는 유아가 반드시 10번을 왕복하며 계단을 만들게 함으로써 간접적으로 10이라는 수의 기초적 개념을 형성시켜 주는 것이고, 교구 자체도 막대의 길이가 10cm에서 100cm로 10개의 막대가 일정하게 10cm씩 증가하므로 십진법의 기초 개념을 간접적으로 심어줄 수 있다. 그러므로 빨간 막대의 각 막대의 길이가 수막대와 같게 고안된 것은 감각 교구인 빨간 막대가 수막대를 위한 간접적 준비로서의 의미를 지닌다고 볼 수 있고, 이 활동을 통하여 유아를 두 교구간의 상관 관계를 구체적으로 이해하게 되며 새로 배우게 될 수막대를 이미 친숙해져 있는 빨간 막대와 함께 대함으로써 수 교구로서의 자연스러운 접근이 이루어질 수 있다는 것에 이 활동의 의의가 있다.

수막대

제시 방법

❶ 유아를 초대하여 활동명과 교구 위치를 알려준다.

❷ 매트를 펴고 수막대를 나열하게 한다.

❸ 교사는 '1' 의 막대를 든다.
"이것은 '1' 의 막대입니다."
'1' 의 막대를 매트에 내려놓고 세어본 후 유아에게 세어보게 한다.

❹ '2' 의 막대를 들고 "이것은 '2' 의 막대입니다" '2' 의 막대를 매트에 내려놓고 세어본 후 유아에게 세어보게 한다.

❺ 3단계 학습을 실시한다.

- 1단계 "이것은 '1' 의 막대입니다. 이것은 '2' 의 막대입니다."
- 2단계 " '2' 의 막대를 가리켜 보세요. '1' 의 막대를 가리켜 보세요." 나중에 소개한 것을 먼저 물어본다.
- 3단계 "이것은 무엇입니까?"

❻ 유아의 준비도나 흥미에 따라 나머지 막대들을 소개한다.

❼ 작업을 마치면 교구와 매트를 정리한다.

목　　적

- 1에서 10까지의 수의 양과 명칭을 익힌다.
- 수의 연속성에 대한 개념을 발달시킨다.

흥 미 점

- 수막대로 계단을 만드는 것
- 수막대를 손으로 짚어가며 수를 세는 것
- 막대의 빨간 칸과 파란 칸이 맞추어지도록 나열하는 것

실수의 정정

- 교사
- 막대의 빨간 칸과 파란 칸의 구분(시각적 변별력)

응　　용

- 계단을 짚어 올라가며 세어보기
- 10에서 1까지 거꾸로 세어보기
- 교사가 보여주는 수막대를 유아가 세어본 후 그것보다 하나 큰, 혹은 작은 수막대를 가져오기

언　　어

수막대, 빨간색, 파란색, 길다, 짧다, 계단

Montessori

모래 숫자

Mathmetics

교　　구

초록색 바탕의 직사각형 나무판 위에 0~9까지의 모래 종이로 된 숫자가 붙여져 있다.

대상 연령

3.5세 이상

선행 학습

수막대, 촉각판

제시 방법

❶ 유아를 초대하여 활동명과 교구 위치를 알려준다.

❷ 매트를 펴고 교구를 가져온다.

❸ 교사는 1의 숫자판을 꺼내 왼손으로 판을 누르고 오른손 집게손가락과 가운뎃손가락 2개로 숫자를 천천히 3회 써본 후 유아에게 권유한다.

❹ 유아는 숫자판을 받아서 쓰고 나서 "1" 이라고 말한다.

❺ 쓰고난 숫자판은 매트 왼쪽 위에 놓는다.

❻ '2' 의 숫자판을 집어서 '1' 과 같은 방법으로 제시한다.

7. 3단계 어휘 학습으로 명칭을 익힌다.
   "이것은 1입니다. 이것은 2입니다."
   "2를 가르켜 보세요." "1을 가르켜 보세요."
   1을 가리키며 "이것은 무엇입니까?" 2를 가리키며 "이것은 무엇입니까?"
8. 나머지 숫자도 같은 방법으로 제시한다.
9. 매트와 교구를 정리한다.

목　　적

- 1에서 10의 숫자를 촉각, 시각, 청각, 근육 감각적 기억에 의하여 익힌다.
- 숫자 쓰기를 위한 준비를 한다.
- 수막대에서 소개되는 양에 대한 상징(숫자)을 소개한다.

흥 미 점

- 모래 숫자를 따라 그려보는 것
- 모래 숫자의 거친 촉감과 판의 매끄러운 촉감을 느끼는 것
- 숫자의 순서를 인식하는 것
- 숫자의 이름을 배우는 것

실수의 정정

- 시각
- 촉각 : 모래 숫자를 따라 그릴 때 잘못하면 매끄러운 면이 만져진다.
- 숫자 쓰는 순서가 잘못되는 것을 볼 때

응　　용

- 모래 숫자와 동일한 수 자체의 수카드를 만들어 같은 숫자끼리 짝 맞추기 한다.
- 움직이는 숫자를 만들어 모래 숫자 위에 놓아본다.
- 벽걸이 모래 숫자판의 사용 : 책상 위에서 모래 숫자를 따라 써본 후, 벽에 걸려 있는 모래 숫자를 따라 써본다.
- 숫자책 만들기 : 모래 숫자판 위에 종이를 놓고 크레용으로 문질러 숫자를 베껴서 모아 숫자책을 만든다.
- 모래 또는 쌀 위에 손가락으로 숫자 써보기

- 높은 연령의 유아들을 위해서 숫자 쓰기용 보조 자료 또는 연습지를 만들어 주어 정확하게 숫자를 쓸 수 있는 훈련을 한다.
- 자기의 모래 숫자판을 만들기 : 판 위에 풀로 숫자를 쓰고 모래를 씌우는 것

언　　어

모래 숫자, 0~9까지의 숫자

Montessori

수막대와 숫자카드

Mathmetics

교 구

- 수막대
- 숫자카드 1~10

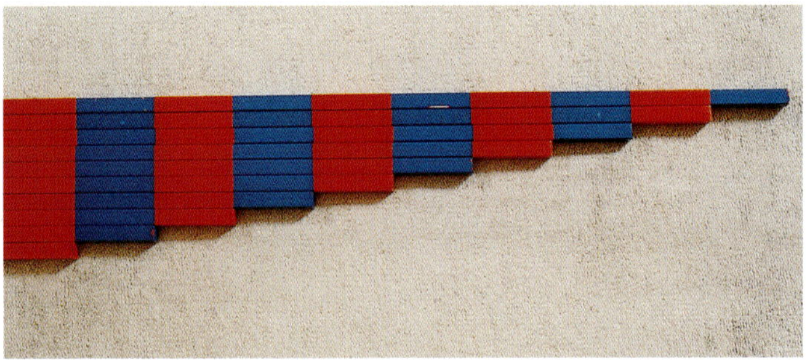

대상 연령

3.5세 이상

선행 학습

수막대, 모래 숫자

제시 방법

❶ 유아를 초대하여 교구명과 위치를 알려준다.

❷ 매트 위에 수막대를 나열하고 수카드를 꺼내 읽으며 순서 없이 나열한다.

❸ 1의 수막대를 들고 "이것은 1의 수막대입니다."라고 말한 뒤 수막대를 내려놓고 수카드 1을 찾아 수막대 옆에 놓는다.

❹ 수막대 끝부분에 수카드를 비스듬히 세워 놓는다.

❺ 1부터 10까지 계속해서 수막대와 수카드를 짝짓는다.

❻ 작업을 마치면 상자에 수카드를 1에서 10까지 차례대로 넣어보도록 한다.

❼ 수막대와 매트를 정리한다.

목　　적

- 1에서 10까지의 양과 수를 연합시킨다.
- 1~10까지의 양과 수의 순서를 인식시킨다.

흥 미 점

- 이미 알고 있는 양과 수를 복습하는 것
- 수막대와 숫자가 나란히 놓여지는 것을 보는 것
- 모든 수에는 그것을 나타내는 상징이 있다는 것을 아는 것

실수의 정정

- 유아의 수와 양에 대한 지식
- 교사

응 용

- 수막대를 순서 없이 늘어놓고 수카드를 짝 맞추도록 한다.
- 먼 거리에서 짝 맞추기
- 교사가 수막대를 하나 골라 들고 유아에게 그 수보다 하나 더 큰 수의 수막대와 수카드를 찾아내도록 한다.
- 10명의 유아에게는 수막대를 1개씩 주고 10명의 다른 유아에게는 수카드를 1개씩 주어 같은 수와 양을 가진 유아끼리 짝을 지어보게 한다.
- 수막대를 이용하여 덧셈을 한다.
  ㊎ 합이 되는 두 수의 수막대를 골라내어 붙여놓고 각 막대의 수카드를 그 아래에 놓아 보아 덧셈과 덧셈식을 만들어 볼 수도 있다.
- 종이에 그려진 수막대에 색칠하고 숫자를 써보게 한다.

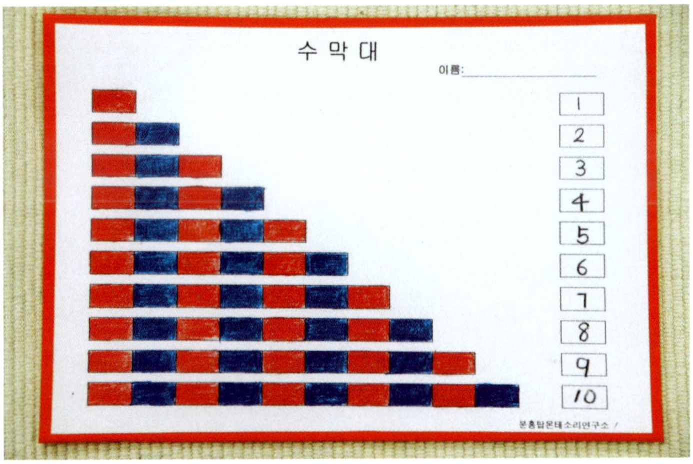

Montessori

셈막대 상자

Mathmetics

교 구

다섯 칸으로 분류되어 있는 두 개의 상자 안에 0에서 9까지의 숫자가 쓰여 있고, 45개의 셈막대가 작은 상자에 들어 있다.

대상 연령

3세 이상

선행 학습

수막대, 1~10까지 수와 양을 이해하고 있는 유아

제시 방법

❶ 유아를 초대하여 교구명과 위치를 알려준다.

❷ 책상이나 매트를 준비하고 교사는 유아의 오른쪽에 앉는다. 2개의 나무 상자를 나란히 놓고 상자 왼쪽에 셈막대가 담긴 상자를 놓는다.

❸ 상자에 쓰여진 숫자를 검지로 써보며 읽는다. "1."

❹ "1은 하나야." 교사는 1의 수를 써보고 읽은 후 셈막대 한 개를 집어서 유아의 손에 주면서 "하나."라고 말하며 1의 칸 속에 넣도록 한다.

❺ 다음으로 2의 숫자를 써보고 읽은 후 "2는 둘이야." 셈막대 두 개를 집어 유아의 손에 주면서 "하나, 둘."이라고 말하며 2의 칸 속에 넣도록 한다. (3~9까지 같은 방법 제시)

⑥ 마지막에 0을 소개한다.

"이건 0이야. 0개를 줄게." 유아의 손에 막대를 놓는 척한다.

"0은 아무 것도 받지 않아. 그래서 0의 자리는 항상 비어 있어. 그렇지만 0은 자리를 나타내는 아주 중요한 숫자야."

(마지막에 0을 확인함)

⑦ 교구를 제자리에 정리한다.

목 적

- '0' 의 개념을 배운다.
- 양과 수의 연결을 강화시킨다.
- 수의 순서들을 익힌다.
- 수를 셀 수 있다.
- 집중력과 정확성을 기른다.
- 0은 자리를 나타내는 데 쓰인다는 것을 이해시킨다.
- 모든 숫자들은 0에서 9까지 10개의 숫자로 되어 있다는 것을 이해시킨다.

흥 미 점

- 셈막대의 모양
- 상자 안에 쓰여진 숫자들을 따라 그리는 것
- 숫자에 대응하는 셈막대의 양을 손으로 느끼는 것
- '0' 의 발견('0' 의 칸은 항상 비어 있음을 보는 것)

실수의 정정

- 셈막대의 개수(잘못 세어서 넣었을 경우 남거나 모자란다.)
- 교사
- 숫자 쓰는 순서가 잘못 되는 것을 볼 때

응 용

- 교구의 변화

  나무 막대 대신 나무 젓가락이나 다른 도구를 가지고 해보기 : 숫자 상자 대신 10개의 깡통을 준비하여 깡통 앞쪽에 숫자를 적어 놓고 셈막대 대신 볼펜 껍질 또는 빨대를 이용한다.
- 교사가 제시하는 수를 찾아 세어보기
- '0' 놀이

  소그룹의 유아들에게 교사가 임의로 "연필을 0개 주세요." 하면 유아는 아무 것도 주지 않아야 한다.

언 어

셈막대, '0' 이라는 숫자

Montessori

작은 수막대와 숫자카드

Mathmetics

교　구

- 작은 수막대
- 1의 수카드 10개 / 2의 수카드 9개 / 3의 수카드 8개 / 4의 수카드 7개 / 5의 수카드 6개 / 6의 수카드 5개 / 7의 수카드 4개 / 8의 수카드 3개 / 9의 수카드 2개 / 10의 수카드 1개

대상 연령

3.5세 이상

선행 학습

수막대와 숫자카드

제시 방법

❶ 유아를 초대하여 교구명과 위치를 알려준다.

❷ 매트를 펴고 작은 수막대를 순서 없이 놓는다.

❸ 매트 위에 숫자카드를 같은 숫자끼리 분류하여 놓으면서 나열한다.

④ 수막대를 순서대로 나열한다.

⑤ 1의 수막대를 끌어내려 "1" 이라고 센 후, 1의 수카드를 수막대 위에 올려놓는다.

⑥ 2의 수막대를 끌어내려 "1, 2" 라고 센 후, 1과 2의 수카드를 하나씩 수막대 위에 올려놓는다.

⑦ 3의 수막대를 끌어내려 "1, 2, 3" 이라고 센 후, 1과 2와 3의 수카드를 하나씩 수막대 위에 올려놓는다.

⑧ 같은 방법으로 10의 수막대까지 진행한다.

⑨ 교구를 정리한다.

목 적

- 전체의 양과 부분의 양을 안다.
- 수의 순서를 안다.

흥 미 점

수막대 위에 수카드를 하나씩 올려놓기

실수의 정정

- 시각적 구조
- 수의 순서가 바르지 않은 것을 볼 때

Montessori

수 직 선

Mathmetics

교 구

- 눈금이 그려진 수직선
- 0부터 9까지 이동 숫자

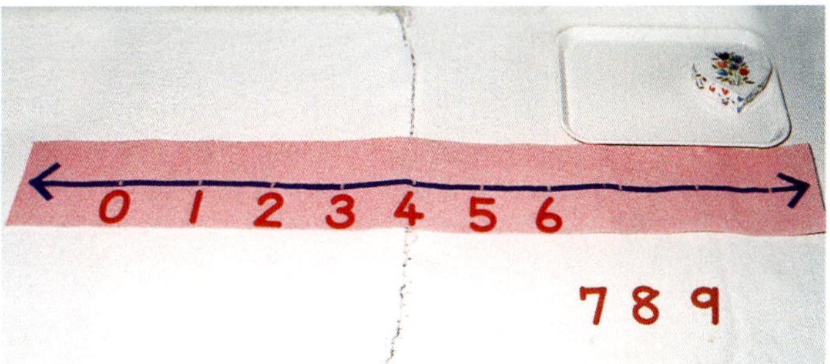

대상 연령

3세 이상

선행 학습

셈막대 상자, 작은 수막대

제시 방법

❶ 유아를 초대하여 교구명과 위치를 알려준다.
❷ 매트를 깔고 교구를 올려놓는다.
❸ 매트 위에 수직선을 펴고 이동 숫자를 순서 없이 나열한다.
❹ 첫 번째 눈금을 가리키며 0을 읽고, 이동 숫자 0을 가져다가 첫 눈금 위에 올려놓는다.
❺ 다시 0부터 읽어서 두 번째 눈금에 1을 올려놓는다. "0, 1."
❻ 다시 0부터 읽어서 세 번째 눈금에 2를 올려놓는다. "0, 1, 2."
❼ 다시 0부터 읽어서 네 번째 눈금에 3을 올려놓는다. "0, 1, 2, 3."

❽ 같은 방법으로 9까지 놓아본 후 유아와 같이 0부터 9까지 읽어본다.

❾ 교구를 정리한다.

목 적

0부터 9까지 수의 순서를 안다.

흥 미 점

반복 읽기, 눈금으로 수세기

실수의 정정

수의 순서가 바르지 않은 것을 볼 때

Montessori

숫자와 바둑알

Mathmetics

교　구

- 동전 크기만한 빨간 바둑알 55개
- 1~10까지의 이동 숫자

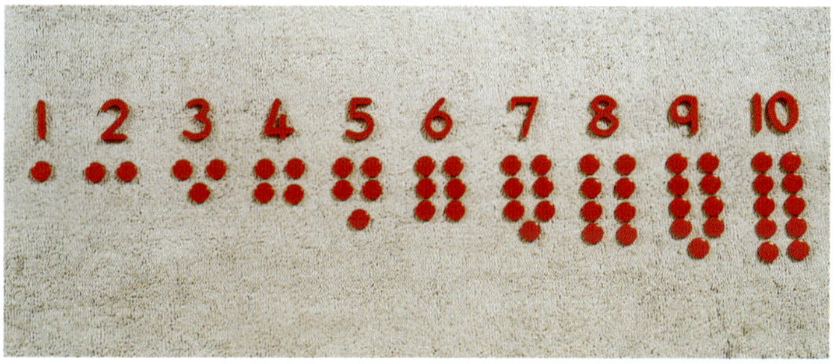

대상 연령

3세 이상

선행 학습

수막대, 모래 숫자, 셈막대 상자, 작은 수막대
(1~10까지의 양과 수를 이해한 유아)

제시 방법

❶ 유아를 초대하여 교구명과 위치를 알려준다.

❷ 매트 위에 1부터 10까지 숫자를 순서 없이 꺼내 늘어놓으면서 유아에게 읽어보게 한다.

❸ 순서 없이 놓여진 숫자를 유아에게 순서대로 놓아보게 한다.

❹ 숫자끼리의 간격은 1을 놓고 1과 2사이에 네 손가락이 들어갈 정도의 간격을 두고 놓는다.

⑤ 바둑알을 유아에게 주며 숫자에 맞게 놓아보게 한다.

"1은 하나야." 바둑알 한 개를 놓는다.

⑥ 1부터 10까지 놓은 바둑알을 확인한 후 말한다. "그런데 바둑알을 두 줄로 놓기로 하고, 바둑알이 한 개만 남으면 가운데 놓기로 하자."

㉥ 1 2 3 4 5 … (10까지 동일)

⑦ 유아를 초대하여 바둑알을 놓아보게 한다.

⑧ "1을 보자. 혼자 있네. 2를 보자. 여긴 짝이 있어. 3을 보자. 3도 혼자 있는 바둑알이 있어." (10까지 확인함)

⑨ 홀수와 짝수를 소개한다.

"이렇게 짝이 없이 혼자 있는 바둑알이 있는 숫자를 홀수라고 하고, 짝이 있는 숫자는 짝수라고 해."

바둑알을 손으로 짚어보며 막힌 수와 막히지 않는 수를 확인한다.

1은 홀수입니다. 2는 짝수입니다. (10까지 같은 방법 제시)

⑩ 짝수를 위로 올린다.

⑪ 짝수와 홀수를 말해 본다.

"선생님이 짝수를 말해 볼게. 2! 4! 6! 8! 10!"

"친구는 홀수를 말해 볼래?" "1! 3! 5! 7! 9!"

⑫ 반복하여 3단계 학습을 한다.

⑬ 교구와 매트를 정리한다.

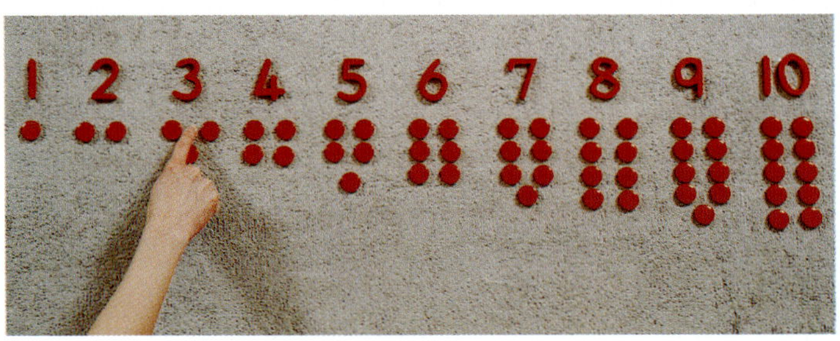

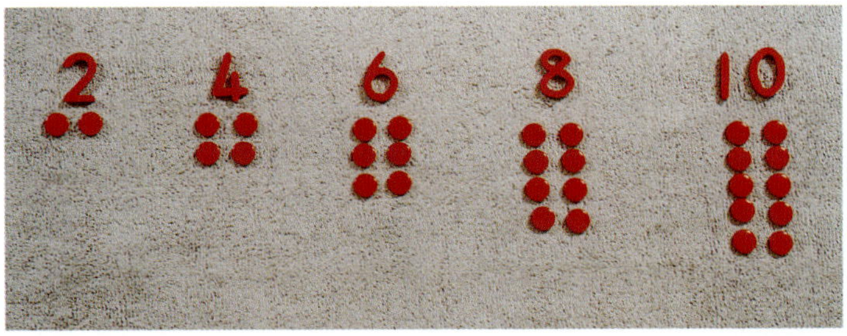

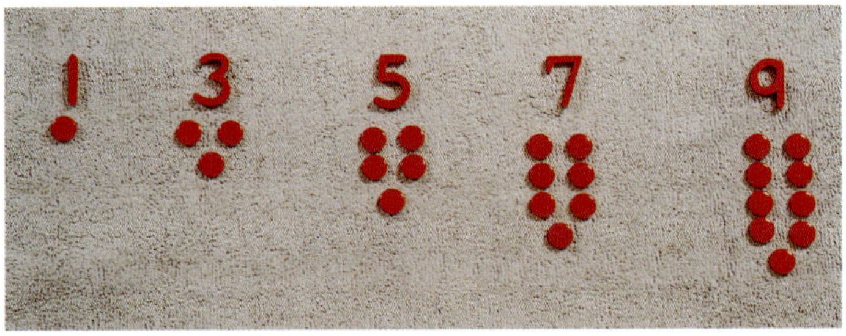

목　　적

- 홀수와 짝수의 개념을 습득시킨다.
- 1~10까지의 양과 숫자의 개념을 강화한다.
- 수를 순서대로 나열하는 법을 배운다.

흥 미 점

- 1~10까지 나열되어진 숫자를 보는 것
- 수의 증가에 따라 양의 증가를 시각적으로 느끼는 것
- 홀수의 바둑알 중 마지막 알을 중앙에 놓는 것
- 바둑알의 사이를 손가락으로 통과하는 것
- 짝이 있어서 짝수, 짝이 없이 혼자인 것은 홀수라는 개념을 배우는 것

실수의 정정

- 바둑알의 개수 55개
  (잘못 세었을 경우 모자라거나 남는다.)
- 숫자가 거꾸로 놓여 있는 것을 볼 때
- 바둑알이 놓여진 패턴이 시각적 부조화스러운 것을 볼 때

응 용

- 테이블 수막대와 바둑알의 연결
  (수막대 위에 바둑알 올리면서 세기)
- 조약돌이나 조개껍데기를 가지고 교사가 제시하는 수와 양을 나열하기
  (교구의 변화)
- 짝수와 홀수가 표시된 종이에 해당 양만큼의 색종이 붙이기
- 숫자들을 순서없이 늘어놓고 바둑알을 해당 양만큼 놓아보기
- 홀수와 짝수를 각각 놓아 보고 작업지에 써보기
- 10칸으로 나누어진 매트를 사용

언 어

짝수, 홀수, 빨간 바둑알, 1～10까지의 수세기

- 마지막에 하나 남은 바둑알을 왼쪽에 놓을 수 있다.
- 어린 유아일 경우 이동 숫자 대신 숫자카드를 사용한다.

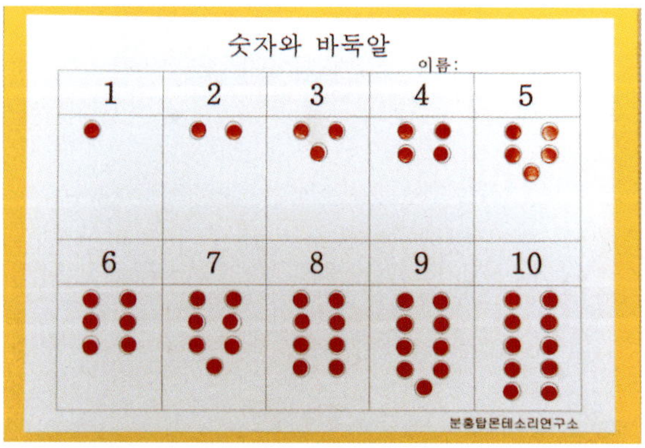

Montessori

숫자 기억 놀이

Mathmetics

교　　구

- 0~10까지 비밀 수카드(나중에 11~19까지의 수카드 첨가)
- 수카드에 해당하는 일정한 크기의 구슬이나 조약돌, 물체

대상 연령

3.5세 이상

선행 학습

수막대, 1~10까지 아는 유아, 모래 숫자, 숫자와 바둑알

제시 방법

❶ 유아를 초대하여 교구명과 위치를 알려준다.

❷ 매트를 준비하고 교구를 가져와 놓은 후 세 명까지 같이 작업할 수 있음을 설명한 후 친구를 더 초대하도록 한다.

❸ 각각의 유아는 수카드를 집어들어 수를 보고 기억한 뒤 카드의 숫자만큼 물체를 가지고 간다.

❹ 0의 카드는 구슬을 가지고 올 수 없다.

❺ 유아들이 다 집었는지 확인한 후에 카드와 구슬을 확인한다.

❻ 유아는 카드의 수를 읽고 구슬의 양을 세어본다.

❼ 카드의 수만큼 구슬의 양을 잘못 집은 유아에게 수를 다시 한 번 보고 카드의 양만큼 다시 가져올 수 있도록 한다.

❽ 교구를 정리한다.

목 적

- '0' 의 개념을 강화한다.
- 수 개념과 시각적 이미지의 연합을 강화한다.

흥 미 점

- 수카드를 비밀스럽게 보는 것
- 수카드의 수를 기억하고 양을 집는 것
- 물체를 세어 보고 수와 대조해 보는 것
- '0' 의 카드를 집었을 때는 아무 물체도 없는 것을 보는 것

실수의 정정

- 작업 후 물체의 양이 남거나 모자랄 때
- 교사 또는 다른 유아

응 용

- 물체 바구니와 수 바구니를 각각 멀리 떨어트려 놓고 교사가 제시하는 수와 해당되는 양을 찾아 나열하기
- 교사가 제시하는 수만큼의 양을 교실에서 찾아오기
- 숫자만큼 구멍 뚫기
- 두 유아의 수를 비교해 보기
  (예 ㅇㅇ는 ㅇㅇ가 가진 수보다 더 크다. / 더 작다.)
- 두 유아의 수와 양을 합해 더해 보기
- 11~19까지 기억 놀이하기
- 행동 게임을 한다.
  예 수카드의 숫자만큼 박수 치기
  교사가 말한 숫자만큼 박수 치기
  "ㅇㅇ아, 0만큼 ~해 보자!" (0은 행동을 못함)

[1~10 이해를 돕는 응용 교구들]

[1~10 이해를 돕는 응용 교구들]

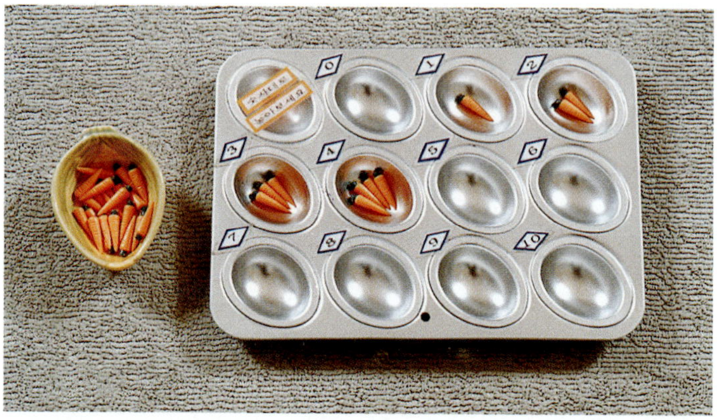

| Chapter 2 |

십진법

Montessori

십진법 소개

Mathmetics

교 구

- 1의 금색 구슬 1개, 10의 금색 구슬 막대 1개, 100의 금색 구슬 정사각형 1개, 1000의 금색 구슬 정육면체 1개를 쟁반 위에 놓는다.
  1의 구슬이 가장 오른쪽에 위치하며 각 자리의 구슬은 자릿수를 표시하는 색깔의 펠트를 깔아 놓는다. 자릿수를 표시하는 색깔은 1의 자리는 초록, 10의 자리는 파랑, 100의 자리는 빨강, 1000의 자리는 초록색이다.
- 수카드 : 1, 10, 100, 1000의 수카드 4장을 준비한다. 각 숫자는 위에 명시되어 있는 자릿수를 표시하는 색깔로 쓰여 있다.

대상 연령

4세 이상

선행 학습

1~10까지의 기본적인 수 개념을 소개하는 교구들

제시 방법

〈제시 1〉 구슬 소개-양 소개

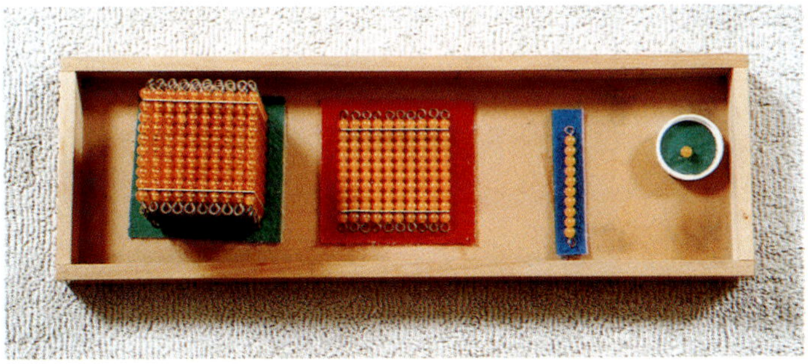

❶ 유아를 초대하여 교구명과 위치를 알려준다.

❷ 매트를 준비하고 교구를 놓는다.
교사는 1의 구슬을 꺼내 탐색한 후 유아에게 준다.

③ 유아에게서 다시 받아 "이것은 1의 구슬이야." "일."
④ 교사는 10의 구슬을 손바닥에 올려놓고 탐색한 뒤 유아에게 주고 만져보게 권유한다.
⑤ 유아에게서 다시 받아 "이것은 10의 구슬이야." "십."
⑥ 3단계 학습법으로 명칭을 익힌다.
⑦ 명칭을 익히면 100의 구슬을 꺼내어 소개한 후, 10의 구슬과 100의 구슬을 3단계 학습법으로 소개한다.
⑧ 1000의 구슬도 같은 방법으로 소개한다.
⑨ 1, 10, 100, 1000의 구슬의 형태와 명칭을 다 익히면 게임으로 연결해 본다.
⑩ 작업이 끝나면 정리한다.
"1000의 구슬을 쟁반 위에 올려보자. 100의 구슬을 쟁반 위에 올려놓자."
(1000 · 100 · 10 · 1의 구슬을 순서대로 놓는다.)
⑪ 교구를 교구장에 정리한다.

〈제시 2〉 수카드 소개-수 소개

① 유아를 초대하여 교구명과 위치를 알려준다.
② 교사는 유아의 오른쪽에 앉은 뒤 수카드 1을 꺼내 써보고 유아에게도 써보도록 권유한다.
③ 유아에게서 수카드를 다시 받아 말한다. "이것은 1이야."
④ 교사는 1의 수카드를 가리키며 "1에 0이 있니? 1에는 0이 없네."
⑤ 수카드 10을 꺼내 써보고 유아에게도 써보도록 권유한다.

⑥ 10의 수카드를 가리키며 "10에는 0이 몇 개일까? 10에는 0이 하나 있구나."

⑦ 1과 10으로 3단계 학습을 한다.
"100은 0이 2개가 있구나! 0이 2개면 100이구나."
10과 100을 3단계 학습한다. (1000의 카드까지 같은 방법)

⑧ 작업을 마치면 쟁반 위에 수카드를 정리한다.

〈제시 3〉 구슬과 수카드 소개-양과 수 연합

① 유아를 초대하여 교구명과 위치를 알려준다.

② 교구를 매트 위로 가져온다.

③ 1의 구슬을 매트 위에 놓아보게 한다.
1의 수카드를 1의 구슬 밑에 놓아보게 한다.

④ 10, 100, 1000 구슬과 수카드도 같은 방법으로 차례대로 놓아보게 한다. (1000까지 같은 방법 제시)

⑤ 구슬과 수카드의 연합을 잘하면 수카드를 섞어놓은 뒤 유아에게 바르게 놓아보게 한다.

⑥ 이번에는 구슬을 섞어놓은 뒤 유아에게 바르게 놓아보게 한다.

⑦ 교구를 정리한다.

⑧ 교구를 교구장에 정리한다.

목 적

- 1, 10, 100, 1000의 양과 수를 소개한다.
- 금색 구슬을 가지고 하게 될 여러 가지 활동에 대한 준비를 한다.

흥 미 점

- 십진법 수의 명칭 배우기
- 십진법 숫자의 색깔이 각각 다른 것을 보는 것
- 금색 구슬과 수카드를 짝지어 보는 것

실수의 정정

- 교사
- 유아 자신의 수에 대한 지식

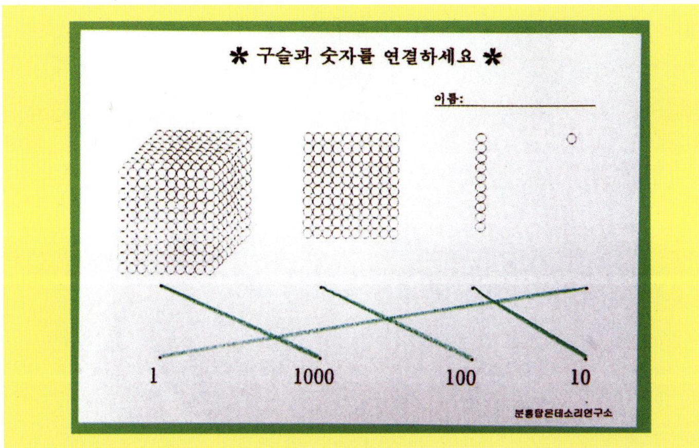

Montessori

10 쟁 반

Mathmetics

교　　구

1의 구슬 10개, 10의 구슬 10개, 100의 구슬 10개, 1000의 구슬 1개, 책상 혹은 매트

대상 연령

4.5세 이상

선행 학습

십진법 소개 쟁반

제시 방법

❶ 유아를 초대하여 교구명과 위치를 알려준다.

❷ 교구를 매트 위에 놓는다.

❸ 1의 구슬을 하나씩 꺼내면서 센다.
"1의 구슬 하나, 1의 구슬 둘, 1의 구슬 셋 … 1의 구슬 열."

❹ 10의 구슬 하나를 열 개의 1의 구슬과 비교하면서 똑같음을 보여준다.

❺ 이번에는 10의 구슬을 하나씩 꺼내면서 센다.
교사는 100의 구슬 하나를 10의 구슬과 비교하면서 똑같음을 보여준다.

❻ 같은 방법으로 100의 구슬을 하나씩 꺼내면서 센다. 100의 구슬 열 개를 1000의 구슬 하나와 비교하면서 같음을 보여준다.

❼ 교구를 교구장에 정리한다.

목　　적

- 각 단위별로 10이 모이면 그 윗 단위 구슬 한 개와 바꿀 수 있는 것을 이해시킨다.
- 십진법의 이해
- 큰 수의 덧셈을 위한 준비
- 수학적 정신 발달

흥 미 점

양을 세어보는 것

실수의 정정

- 교사
- 유아의 수에 대한 지식

- 유아에게 1의 구슬 10개와 10의 구슬 하나는 같다는 것을 이해시킨다.
- 교사가 십을 달라고 했을 경우 유아가 1의 구슬 10개와 10의 구슬 1개를 줄 수 있도록 유도한다.

Montessori

9 나열

Mathmetics

교　구

1 구슬 9개, 10 구슬 9개, 100 구슬 9개, 1000 구슬 9개, 매트 2장, 숫자카드 0~9000 세트

대상 연령

4세 이상

선행 학습

금색 구슬 소개 쟁반

제시 방법

〈제시 1〉 양-구슬 제시

❶ 교사는 유아를 초대하여 교구명과 위치를 알려준다.

❷ 유아에게 매트를 수직으로 펴도록 권한다. 유아와 함께 교구장으로 가서 교구 쟁반을 가져와 매트 상단 중앙에 놓는다.

❸ 1의 구슬 9개를 1의 자리에, 10의 구슬 아홉 개를 10의 자리에, 100의 구슬 아홉 개를 100의 자리에, 1000의 구슬 9개를 1000의 자리에 놓는다.

❹ 1의 구슬을 하나씩 세면서 매트에 수직으로 일직선으로 나열한다.

"1, 2, 3, 4, … 9. 다 놨네. 9 다음에는 뭐가 오지? 1의 구슬 하나만 더 있으면 10이 된단다. 그런데 10은 10의 자리야."

⑤ 자릿수를 바꿔서 10의 구슬도 하나씩 세면서 나열한다.
"10, 20, 30, 40, … 90 … 다 봤네. 10의 구슬 하나만 더 있으면 100이 된단다. 100은 100의 자리야."

⑥ 위와 같은 방법으로 100의 자리, 1000의 자릿수까지 진행한다.

⑦ 구슬을 모두 나열한 후 구슬의 한 줄을 가리키며 "이것을 자리라고 한단다. 여기는 1의 구슬이 있는 자리야. 여기는 10의 구슬이 있는 자리야."

⑧ 각 자리에 구슬들을 세어본다. "1의 자리에는 구슬이 9개가 있어. 10의 자리에도 구슬이 9개가 있어. 100의 자리에도 구슬이 9개가 있어. 1000의 자리에도 구슬이 9개가 있어. 각 자리마다 구슬이 아홉 개씩 있구나."

⑨ 작업을 마치고 교구장에 교구를 정리한다.

〈제시 2〉 수-카드 제시

① 유아를 초대하여 교구명과 교구를 알려준다.

② 유아에게 매트를 펴도록 권한다.

③ 유아와 함께 교구장으로 가서 수카드 상자를 가져와 매트 중앙 상단에 놓는다.

④ 1의 자리 수카드를 모두 꺼내 매트 상단 가장 오른쪽에 놓는다. 10의 자리 수카드를 모두 꺼내 1의 자리 수카드 왼쪽에 놓는다. 100의 자리 수카드를 모두 꺼내 10의 자리 수카드 왼쪽에 놓고, 1000의 자리 수카드를 모두 꺼내 100의 수카드 왼쪽에 놓는다.

⑤ 1의 자리 수카드를 먼저 하나씩 수를 읽으면서 차례대로 아홉 개의 수카드를 나열한다. "1, 2, 3, … 9. 9 다음에는 10. 10은 10의 자리로 가야 해."

⑥ 10의 자리로 가서 10의 카드를 나열하고 차례대로 하나씩 읽으면서 일직선으로 나열한다. "10, 20, 30, … 90. 다음에는 100이야. 100은 100의 자리로 가야 해."

❼ 100의 자리와 1000의 자리도 같은 방법으로 나열한다.

❽ 각 자리에는 몇 개의 수카드가 있는지 수카드를 세어본다.
"각 자리에는 아홉 개의 수가 온단다."

목 적

- 자릿수의 소개를 한다.
- 각 자리마다 9개의 수로 이루어졌음을 인식한다.
- 10진법의 원리에 대한 이해를 돕는다.
- 수 읽기의 연습을 한다.

흥 미 점

한 자리마다 9개의 수로 이루어져 있음을 보는 것

실수의 정정

- 구슬을 세면서 수를 건너뛰어 셀 때
- 수카드를 순서대로 나열하지 않았을 때

Montessori

9 쟁 반

Mathmetics

교 구

- 1의 구슬 9개, 10의 구슬 9개, 100의 구슬 9개, 1000의 구슬 1개
- 숫자카드 1~1000 세트, 매트 2장

대상 연령

4~5세

선행 학습

금색 구슬 소개 쟁반

제시 방법

〈제시 1〉 양-구슬 제시

❶ 유아를 초대하여 교구명과 위치를 알려준다.

❷ 매트는 세로로 펴도록 한다.

각 자리의 구슬들을 오른쪽부터 1의 자리, 10의 자리, 100의 자리, 1000의 자리 순으로 놓는다.

"각 자리마다 몇 개의 수가 있는지 알아보자."

❸ 1의 구슬을 하나 꺼내 놓는다. "1."

"1 다음에는 2가 오지."

놓여진 1의 구슬을 세면서 아래로(2의 자리) 내리고 1의 구슬 하나를 또 꺼내놓아 2를 만든다.

❹ "1, 2. 2 다음에는 3이 오지."
놓여진 1의 구슬을 세면서 아래로(3의 자리) 내리고 1의 구슬을 또 꺼내놓아 3을 만든다.
(9까지 같은 제시로 구슬을 아래로 내리면서 일렬로 놓는다.)

❺ 교사는 1의 자리에 10이 올 수 없다는 것을 알려준다.
"9 다음에 하나의 구슬을 더하면 10이 되지. (10의 구슬을 꺼내며) 그런데 1의 자리에 10의 구슬이 올 수 없어. 10의 구슬은 10의 자리로 가야 해. 그러면 1의 자리에는 가족이 모두 몇 개의 수가 있는지 세어 보자. 하나, 둘, 셋, … 아홉. 1의 자리에는 아홉 개의 수가 있구나."

❻ 교사는 같은 방법으로 10의 자리, 100의 자리 구슬들을 놓는다.

❼ 교사는 각 자릿수의 수가 모두 아홉 개임을 다시 한 번 확인한다.

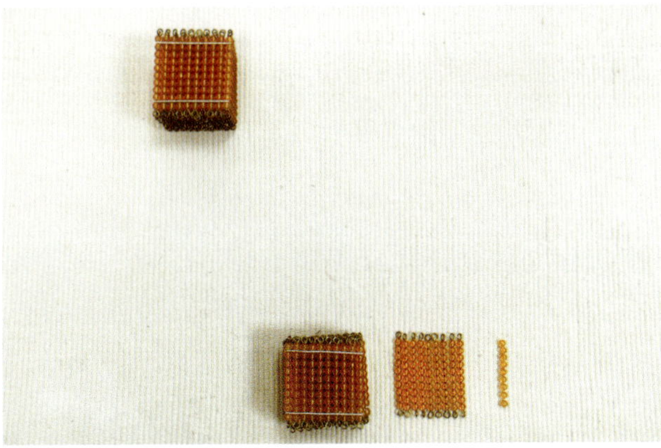

〈제시 2〉 수-수카드 제시

❶ 교사는 수카드를 1의 자리부터 1000의 자리까지 수를 알려준다.
"이번에는 수카드를 보여 줄거야. (오른쪽부터) 여기는 1의 자리, 여기는 10의 자리, 여기는 100의 자리, 여기는 1000의 자리야."

❷ 1의 자리 수카드를 나열한 뒤 0이 있는지를 확인한다.
"1의 가족들이 오는 자리야. 어떤 수가 있는지 보자. 1, 2, 3, … 9. 1의 자리에는 0이 없어요!"

❸ 10의 자리 수카드를 나열한 뒤 0이 있는지를 확인한다.

"10의 가족들이 오는 자리야. 어떤 수가 있는지 보자. 10, 20, 30, … 90. 10의 자리에는 0이 한 개가 있구나."

❹ 100의 자리 수카드를 나열한 뒤 0이 있는지를 확인한다.

"100의 가족들이 오는 자리야. 어떤 수가 있는지 보자. 100, 200, 300, … 900. 100의 자리에는 0이 두 개가 있구나."

❺ 1000의 수카드를 놓은 뒤 0이 있는지 확인한다.

"1000의 가족들이 오는 자리야."

❻ 교사는 각 자릿수마다 몇 개의 수가 있는지 다시 확인한다. "1의 자리에는 몇 개의 수가 있지? 아홉 개. 10의 자리에는? 아홉 개. 100의 자리에는? 아홉 개. 그리고 여기는 1000의 자리야."

〈제시 3〉 양과 수의 연합

❶ 매트를 깔고 교구를 가져온다.

❷ 1의 구슬을 놓고 "1"이라고 말하고 수카드 1을 구슬 오른쪽에 놓는다.

❸ 1의 구슬을 아래로 내리며(2의 자리) 1의 구슬이 담긴 용기에서 1의 구슬을 하나 더 꺼내놓으며 "2"라고 말하고 수카드 2를 구슬 오른쪽에 놓는다.

④ 같은 방법으로 9까지 진행한다.

⑤ 9에 구슬 하나를 더하면 10이 되며 10은 1의 자리에 올 수 없음을 설명한다.

⑥ 10의 구슬을 하나 놓고 "10"이라고 말하고 수카드 10을 10의 구슬 오른쪽에 놓는다.

⑦ 10의 구슬을 아래로 내리며(20의 자리) 10의 구슬이 담긴 용기에서 10의 구슬을 하나 더 꺼내놓으며 "20"이라고 말하고 수카드 20을 구슬 오른쪽에 놓는다.

⑧ 같은 방법으로 90까지 진행한다.

⑨ 100과 1000까지 같은 방법으로 제시한다.

목 적

- 10진법의 원리에 대한 이해를 돕는다.
- 10진법에 양과 수를 연결시켜 이해하는 것을 돕는다.

흥미점

- 양이 증가함에 따라 구슬을 아래로 끌어내리는 것
- 양과 수카드를 나란히 놓는 것
- 자릿값에 따라 수카드의 색깔이 다른 것을 보는 것

- 구슬을 매트에 나열한 다음, 쟁반에 구슬들이 비어 있는 것을 보는 것
- 구슬을 세는 것
- 수카드를 차례로 읽는 것

실수의 정정

- 수카드를 순서대로 나열되지 않은 것을 볼 때
- 수카드가 거꾸로 놓인 것을 볼 때
- 구슬이 남거나 모자랄 때

Montessori

45 나열

Mathmetics

교 구

1의 구슬 45개, 10의 구슬 45개, 100의 구슬 45개, 1000의 구슬 45개, 큰 수카드 한 세트, 1의 구슬을 놓을 작은 용기 9개, 구슬과 카드를 옮길 쟁반 2개, 커다란 매트

대상 연령

4~5세

선행 학습

금색 구슬의 소개, 9나열, 9쟁반

제시 방법

〈제시 1〉 수평 나열

❶ 유아를 초대하여 교구명과 교구 위치를 알려준다.

❷ 교사는 1의 자리부터 1의 수카드를 놓고 수카드 왼쪽에 1의 구슬을 한 개 놓는다.

❸ 2의 수카드를 놓고 1의 구슬 두 개를 2의 수카드 왼쪽에 놓는다.

❹ 9까지 수카드에 적힌 수만큼에 해당하는 구슬을 나열한다.

❺ "1의 구슬이 하나 더 있으면 10, 10은 10의 자리에 두어야 해." 각 자리에 가족이 아홉 개임을 확인하고 10의 수카드를 1의 수카드 왼쪽에 놓는다.

❻ 10의 수카드를 놓고 10의 구슬 한 개를 수카드 왼쪽에 놓는다.

❼ 20의 수카드를 놓고 10의 구슬 두 개를 수카드 왼쪽에 놓는다.

❽ 90까지 같은 방법으로 진행한다.

❾ "10의 구슬이 하나 더 있으면 100, 100은 100의 자리에 두어야 해."
100의 수카드를 10의 수카드 왼쪽에 놓는다.

❿ 교사는 같은 방법으로 100의 자리와 1000의 자리를 수카드와 구슬을 함께 나열한 뒤 다시 한 번 각 자리에 가족은 모두 아홉 개임을 확인한다.
(각 자릿수에 맞는 수카드 옆에 구슬을 나열하도록 한다.)

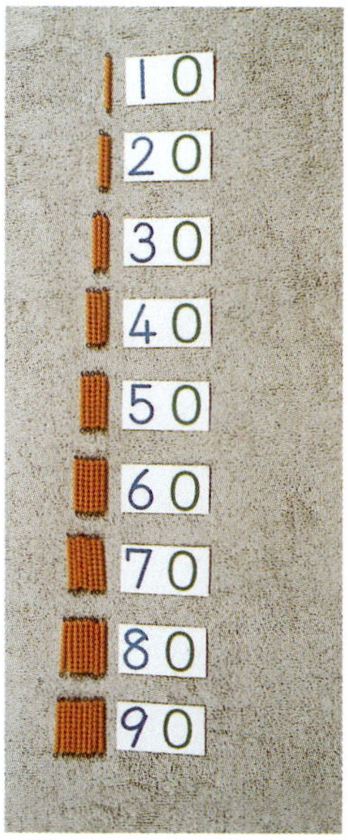
10
20
30
40
50
60
70
80
90

1
2
3
4
5
6
7
8
9

1000
2000
3000
4000
5000
6000
7000
8000
9000

100
200
300
400
500
600
700
800
900

1000
2000
3000
4000
5000
6000
7000
8000
9000
100
200
300
400
500
600
700
800
900
10
20
30
40
50
60
70
80
90
1
2
7
8
9

⑪ 유아에게 작업지를 주어 기록하도록 하여 수의 배열을 다시 한 번 확인해 볼 수 있도록 한다.

⑫ 교구를 교구장에 정리한다.

〈변 형〉

구슬을 높이 쌓아본다.

45나열 숫자카드

천	백	십	일
1000	100	10	1
2000	200	20	2
3000	300	30	3
4000	400	40	4
5000	500	50	5
6000	600	60	6
7000	700	70	7
8000	800	80	8
9000	900	90	9

이름:

〈제시 2〉 수직 나열

❶ 교구를 소개하며 수평 나열과 수직 나열의 다른 점을 알려준다.
"오늘은 수카드와 구슬을 아주 길게 놓는 수직 나열을 보여줄 거야."

❷ 매트를 길게 깔고 1의 자리부터 수카드를 놓고 구슬을 놓으면서 아래로 길게 나열한다. 9까지 이르면 10의 수카드를 이번에는 수카드 9 밑에 나열한다.

❸ 교사는 같은 방법으로 1000의 자리까지 나열한다.

❹ 교사는 작업지와 함께 초록, 파랑, 빨간색의 색연필을 준비한 뒤 유아에게 수의 배열을 확인해 볼 수 있도록 숫자를 써보게 한다.

❺ 교구를 교구장에 정리한다.

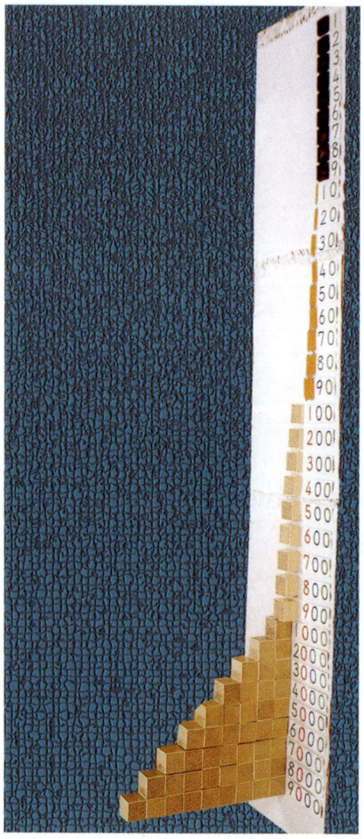

목　　적

- 십진법의 수의 체계를 이해시킨다.
- 1~9000의 양과 수의 결합을 이해한다.
- 숫자의 자릿값을 배운다.

흥 미 점

- 오른쪽에서 왼쪽으로 갈수록 양이 증가됨을 보는 것
- 1의 구슬부터 9000까지의 구슬을 길게 나열하는 것
- 1000의 구슬을 쟁반으로 나를 때마다 무거워지는 것을 느끼는 것
- 구슬과 수카드를 읽어보는 것

실수의 정정

- 구슬의 개수가 남거나 모자랄 때
- 시각적인 부조화
- 교사의 확인

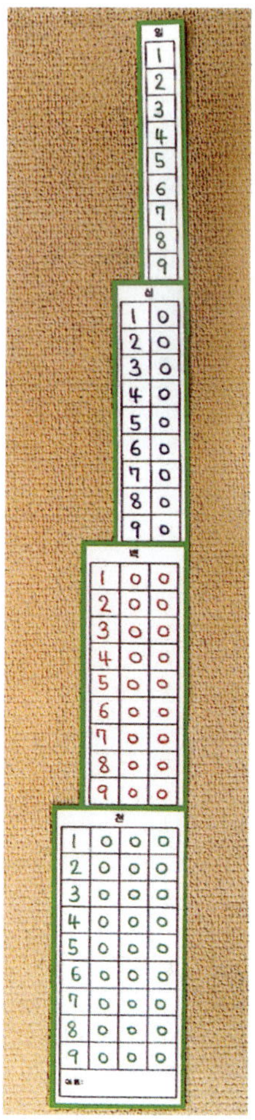

Montessori

큰 수 만들기

Mathmetics

교 구

- 구슬 은행
- 큰 수카드 1세트
- 구슬과 수카드를 담아서 나를 수 있는 나무 쟁반과 1의 구슬을 담을 수 있는 작은 용기
- 큰 매트 2장

대상 연령

4.5~5.5세

선행 학습

9나열, 9쟁반, 45나열

제시 방법

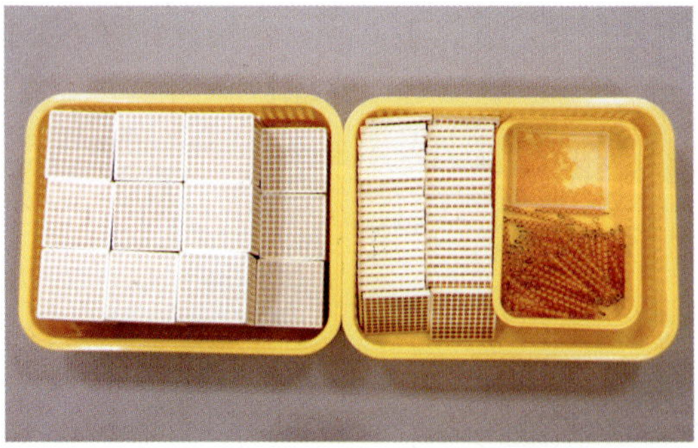

❶ 유아를 초대하여 교구명과 위치를 알려준다.

❷ 교사는 세로로 편 매트에 1, 10, 100, 1000의 수카드를 오른쪽에서 왼쪽으로 자릿수를 맞추어 놓는다.

❸ 교사는 수카드의 자릿수에 맞추어 1의 자리 카드부터 나열하고 유아들에게 나열되는 수를 함께 읽어볼 수 있도록 한다.

❹ 수카드를 다 놓았으면 구슬 은행으로 데려가 구슬을 소개한다.

〈제시 1〉

❶ 교사는 유아에게 5만큼의 구슬을 쟁반에 담아오게 한다.

❷ 유아가 구슬을 가져오면 유아와 함께 구슬을 세어보면서 확인한다.

❸ 유아가 가져온 구슬에 해당하는 수카드 5를 가지고 와 구슬 밑에 놓아보게 한다.

❹ 익숙해지면 교사는 유아와 함께 은행에 가서 10의 구슬 두 개와 1의 구슬 한 개를 쟁반에 담아온다.

❺ 구슬을 가져와 매트에 놓을 때는 1의 구슬부터 놓자고 말해 주며 구슬을 놓는다.

"1." 1의 구슬을 세고 1의 수카드를 1의 구슬 밑에 놓는다.

"10, 20." 10의 구슬을 세고 20의 수카드를 20의 구슬 밑에 놓는다.

❻ 유아의 발달 정도나 흥미에 따라 세 자리를 소개해 본다. 100의 구슬 2개와 10의 구슬 세 개와 1의 구슬 네 개를 가져오게 한다.

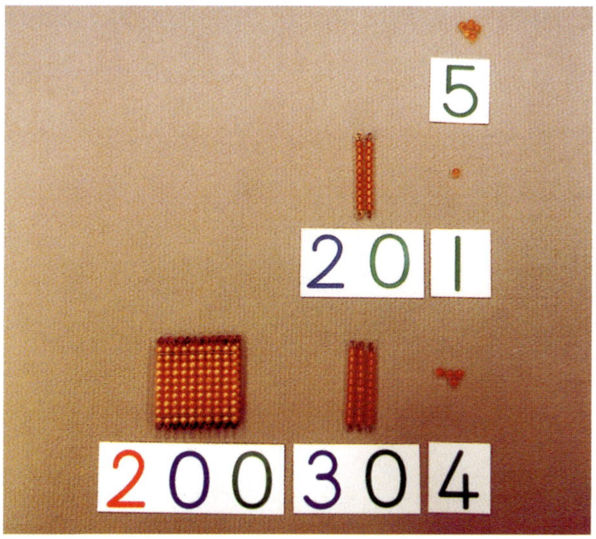

⑦ 유아가 구슬을 가져오면 1의 구슬부터 세어본 뒤 카드를 놓는다.

⑧ 교구를 정리한다. 수카드는 항상 1이 앞에 보이도록 정리하며 교사는 유아들과 한 자릿수부터 시작해 유아들이 차츰 익숙해지면 점차적으로 수와 양을 늘려 나가며 활동한다.

〈제시 2〉

① 이번에는 수카드를 주고 읽게 한 다음 구슬을 가져오게 한다.

② 1, 4, 3, 2의 수카드를 한자리씩 부르면 유아가 수카드를 쟁반에 담도록 한다.

③ 은행으로 가서 수카드만큼 구슬을 가져오게 한다.

④ 유아가 구슬을 가져와 매트에 놓으면 1의 구슬부터 세어보고 카드를 놓는다. "1, 2." 2의 수카드를 구슬 밑에 놓는다.

⑤ 10의 구슬을 세어보고 카드를 놓는다.
"10, 20, 30." 30의 수카드를 구슬 밑에 놓는다.

⑥ 100의 구슬 네 개와 1000의 구슬 한 개도 위와 같은 방법으로 한다.

⑦ 수카드를 유아와 함께 읽어본다.
1000, 400, 30, 2.

⑧ 수카드와 구슬을 모아본다.
"선생님은 구슬을 모아볼게. 친구는 카드를 모아보자."

⑨ 수카드의 자리가 맞게 놓아졌는지 확인한다.

⑩ 교사는 수카드 1, 4, 3, 2를 가리키며 읽어본다.
1000의 0은 지금은 100의 수카드에 감추어져 있지만 0이 세 개가 있고, 100의 0은 10의 수카드에 감추어져 있지만 0이 두 개가 있다고 말해 준다. (수카드를 살짝 들어 보여주면서 쉽게 읽도록 도울 수도 있다.)

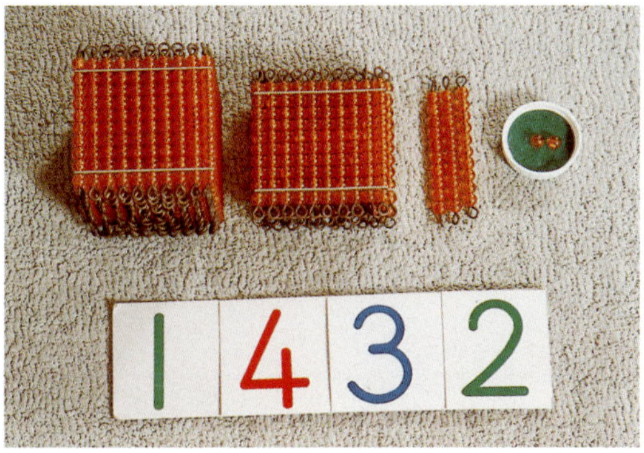

⑪ 작업지가 유아가 만든 수를 써보게 할 수 있다.

⑫ 교구를 교구장에 정리한다.

목　적

- 여러 자리 수의 숫자 읽기를 연습시킨다.
- 어떤 숫자라도 각 자릿수는 9개의 수만이 필요하다는 것을 안다.
- 0은 자릿값을 나타낸다는 것을 이해시킨다.

흥 미 점

- 교사가 불러주는 수에 해당하는 구슬과 수카드를 찾는 것
- 여러 개의 수카드들이 겹쳐져서 하나의 수가 되는 것을 보는 것
- 큰 수, 복잡한 수를 만들어 보는 것

실수의 정정

- 교사의 확인
- 수카드의 색깔

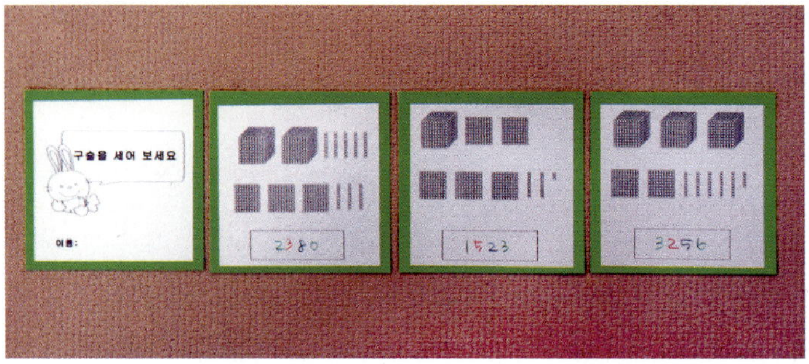

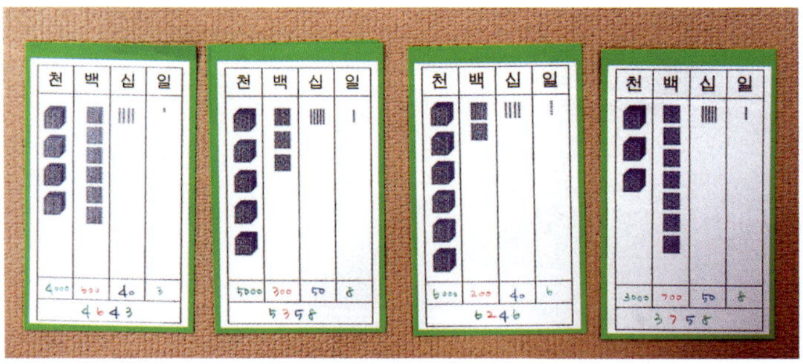

교환놀이

교　구

- 구슬 은행
- 큰 수카드 1세트
- 매트

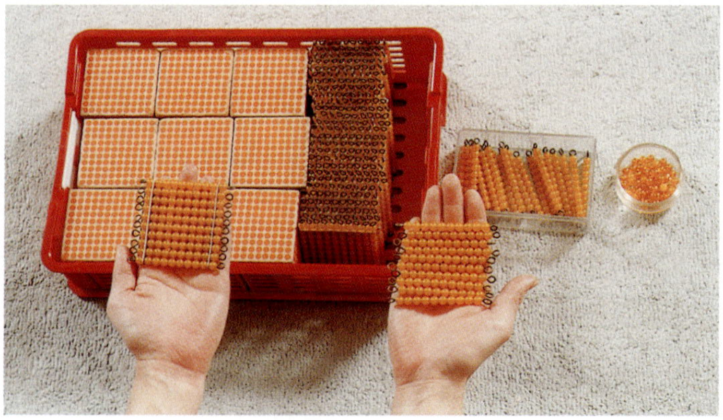

대상 연령

4.5~5.5세

선행 학습

10쟁반

제시 방법

❶ 유아를 초대하여 교구명과 위치를 알려준다.

❷ 매트를 두 장 준비하고 수카드를 가져와 매트에 나열해 놓는다.

❸ 구슬 쟁반을 가져와 나머지 매트에 놓는다.

❹ 1의 구슬을 한 움큼 잡아 매트에 꺼내놓고 10의 구슬도 한 움큼 잡아 매트에 놓는다.

❺ 한 움큼 잡아 꺼낸 1의 구슬의 몇 개인지 한 번 세어보게 한다.

❻ 열 개가 되면 잠시 멈추고 1의 자리에는 구슬이 열 개가 올 수 없음을 말해 준다. 1의 구슬 열 개를 나열하고 무엇과 똑같은지 묻는다. 10의 구슬 한 개를 1의 구슬 열 개 옆에 놓고 10의 구슬과 똑같음을 확인한다.

❼ 10의 구슬 한 개와 1의 구슬 열 개를 바꾼다.

❽ 남은 1의 구슬도 위와 같은 방법으로 진행한다.

❾ 열 개 이하의 1의 구슬이 남으면 세어서 수카드를 가져와 1의 구슬 밑에 놓는다.

❿ 열 개의 10의 구슬도 위의 방법과 똑같이 진행한다.

⓫ 열 개가 되면 잠시 멈추고 10의 자리에는 열 개의 구슬이 올 수 없음을 말해 준다.

⓬ 10의 구슬 열 개는 100의 구슬 한 개와 같음을 보여주고 10의 구슬 열 개와 100의 구슬 한 개를 바꾼다.

⓭ 나머지 10의 구슬도 같은 방법으로 진행한다.

⓮ 열 개 이하의 10의 구슬이 남으면 세어서 수카드를 가져와 10의 구슬 밑에 놓는다.

⓯ 100의 구슬도 똑같은 방법으로 진행한다.

목 적

- 십진법의 이해

  1구슬 10개를 10구슬 1개로,

  10구슬 10개를 100구슬 1개로,

  100구슬 10개를 1000구슬 1개로 바꿀 수 있음을 이해시킨다.
- 자릿수의 개념을 이해시킨다.

흥 미 점

- 구슬을 바꾸는 것
- 구슬에 맞는 숫자를 찾아보는 것
- 많은 구슬을 세어보는 것

실수의 정정

- 교사의 확인
- 구슬을 세어보기

| Chapter 3 |

연속수

Montessori

색 구 슬

Mathmetics

교 구

- 1에서 9까지의 색 구슬 한 세트

  1 : 빨간색 2 : 초록색 3 : 분홍색

  4 : 노랑색 5 : 하늘색 6 : 보라색

  7 : 흰 색 8 : 밤 색 9 : 파랑색
- 1에서 9까지의 작은 숫자 화살표
- 셈자
- 책상용 작은 매트

대상 연령

3~4세

선행 학습

수막대와 수카드

제시 방법

〈제시 1〉

❶ 유아를 초대하여 교구명과 위치를 알려준다.

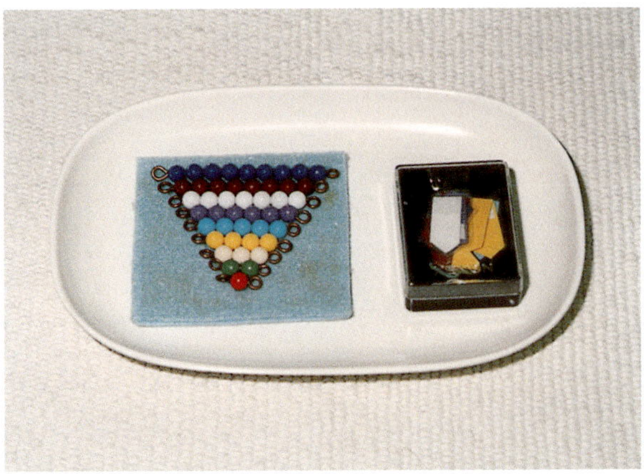

❷ 색 구슬 계단을 가져와 매트 상단에 놓는다.

❸ 1의 색 구슬부터 모두 꺼내 역삼각형의 모양이 되도록 나열한다.

❹ 셈자를 소개한다.

"셈자는 구슬을 셀 때 사용하는 거야."

❺ 셈자를 사용하여 1의 색 구슬부터 9의 색 구슬 순으로 센다.

〈제시 2〉

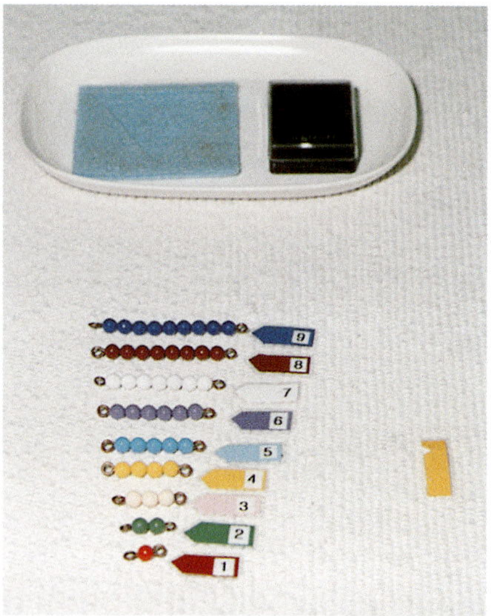

❶ 색 구슬과 색깔이 똑같은 숫자 화살표를 꺼내 순서 없이 나열한다.

❷ 1의 색 구슬을 끌어내려 셈자로 센다. "1."

1이라고 써 있는 숫자 화살표를 찾아 구슬의 오른쪽 끝부분 옆에 놓는다.

❸ 9까지 같은 방법으로 제시한다.

❹ 교구를 정리한다.

목 적

- 1에서 9까지의 수와 양에 관한 개념을 강화한다.
- 색 구슬 막대의 사용에 대한 준비를 한다.

흥 미 점

- 색 구슬의 색깔과 모양
- 색 구슬을 셈자로 세는 것
- 색 구슬의 색깔 명칭을 배우는 것

실수의 정정

구슬의 색깔과 길이

응 용

- 색 구슬 막대 색칠하기
  : 구슬 모양에 각 구슬 색과 같은 색연필로 칠하고 숫자 쓰기

- 수평으로 나열하고 숫자 화살표 놓기
- 고리에 색 구슬 걸기

언 어

색 구슬, 숫자 화살표, 셈자

Montessori

세강판 I

Mathmetics

교 구

- 1~9까지의 색 구슬
- 10구슬 9개
- 다섯 칸으로 나뉘어져 있는 나무판 2개(세강판)
- 1~9까지의 나무 숫자판

대상 연령

4세 이상

선행 학습

- 1~10까지의 수와 양에 대한 활동들
- 십진법의 소개 쟁반

제시 방법

〈제시 1〉 양-색 구슬과 10구슬

❶ 유아를 초대하여 교구명과 위치를 알려준다.

❷ 1부터 10까지의 수를 유아와 함께 세어본다.

❸ 10 다음의 수를 유아에게 물어본다. "10 다음에 오는 수를 선생님이 말해 볼게. 11, 12, 13, 14, 15, 16, 17, 18, 19."

❹ 색 구슬을 꺼내 역삼각형으로 놓은 뒤 다시 한 번 수를 세어본다.
"같이 세어 보자. 1, 2, 3, 4, 5, 6, 7, 8, 9."

❺ 10의 구슬을 꺼내 유아에게 물어본다.
"이건 10의 구슬이야." 셈자로 세어본다.

❻ 10의 구슬 오른쪽에 1의 구슬을 놓아 11을 만든다.

❼ 11을 만들어 본 뒤 셈자로 세어본다.

⑧ 11 다음에는 무슨 수가 오는지 물어본다.
"11, 12!" 손가락으로 11을 가리키고 12가 오는 자리를 가리킨다. 10의 구슬 옆에 2의 구슬을 놓으며 12를 만들고 셈자로 센다.

⑨ 11과 12를 3단계 학습한다.

⑩ 12 다음에는 무슨 수가 오는지 물어본다. "11, 12, 13!" 손가락으로 11, 12를 가리키고 13이 오는 자리를 가리킨다. 10의 구슬 옆에 3의 구슬을 놓으며 13을 만들고 셈자로 센다.

⑪ 12와 13을 3단계 학습한다.

⑫ 11, 12, 13의 수가 학습되면 13 다음에는 어떤 수가 오는지 유아에게 물어본다.

"11, 12, 13, 14!" 손가락으로 11, 12, 13을 가리키고 14가 오는 자리를 가리킨다. 10의 구슬 옆에 4의 구슬을 놓고 셈자로 센다.

⑬ 13과 14를 3단계 학습한다.

⑭ 같은 방법의 제시로 19까지 수를 만든다.

〈제시 2〉 수

❶ 매트에 세강판을 놓고 상자 뚜껑을 열어 상자 밑에 깐다.

❷ 세강판을 꺼내고 나무 숫자판을 꺼내 순서 없이 나열한다.

❸ 세강판에 무슨 수가 적혀 있는지 묻는다.

❹ 교사는 1의 자리에 1의 카드를 넣어 11을 만든다.

❺ "10과 1은 11." 정확히 말하면서 둘째 손가락으로 숫자를 가리킨다.

❻ 11 다음에는 어떤 수가 오는지 묻는다. "11, 12!" 교사는 1의 자리에 2의 카드를 넣어 12를 만든다.

❼ "10과 2는 12." 정확히 말하면서 둘째 손가락으로 숫자를 가리킨다.

❽ 11과 12로 3단계 학습한다.

❾ 12 다음에는 어떤 수가 오는지 묻는다. "11, 12, 13!" 1의 자리에 3의 카드를 넣어 13을 만든다.

❿ 12와 13으로 3단계 학습한다.

⓫ 같은 제시 방법으로 19까지 유아의 발달 단계나 흥미에 따라 진행한다.

〈제시 3〉 양과 수

1. 매트에 구슬과 세강판을 가지고 온다.
2. 매트에 아홉 개의 10의 구슬과 색 구슬을 역삼각형 모양으로 준비하고 두 개의 세강판을 세로로 길게 꺼내놓은 후 세강판 안의 수카드를 꺼내 순서 없이 나열한다.
3. 10의 구슬을 세강판 왼쪽에 놓고 1의 색구슬을 놓는다.
   "10의 구슬에 1을 놓으면 11이 되지."
4. 세강판에 1의 자리에 수카드 1을 넣고 둘째 손가락으로 11을 가리킨다.
5. "11 다음은 11, 12. 12!" 10의 구슬을 세강판 왼쪽에 놓고 2의 구슬을 놓은 다음 숫자판에 12를 만든다.
6. "12 다음은 11, 12, 13. 13!" 10의 구슬을 세강판 왼쪽에 놓고 3의 구슬을 놓은 다음 숫자판에 13을 만든다.
   같은 방법으로 19까지 양과 수를 만들며 진행한다.
7. 교구를 교구장에 정리한다.

〈변　형〉

❶ 교사는 유아와 함께 수의 연속에 상관없이 수를 만든다.

❷ 카드로 순서 없이 수를 만들고 유아에게 그 수에 해당하는 구슬을 놓아보게 한다.

❸ 구슬을 순서 없이 나열해 보고 유아에게 구슬에 해당하는 수를 만들어 보게 한다.

목　적

- 11~19까지의 양과 수를 이해시킨다.
- 연속수를 이해시킨다.

흥 미 점

- 2개의 나무판 중에서 하나의 나무판에는 숫자가 쓰여 있지 않음을 보는 것
- 10의 구슬과 1의 구슬이 합쳐져서 새로운 수가 형성되는 것을 보는 것
- 11에서 19까지의 수를 세는 것
- 11~19까지의 수를 읽는 것

실수의 정정

- 유아의 수에 대한 인식
- 교사의 확인

세강판은 연속수의 개념을 익히는 교구이므로 숫자를 반복해서 읽어보는 것이 아주 중요하다.

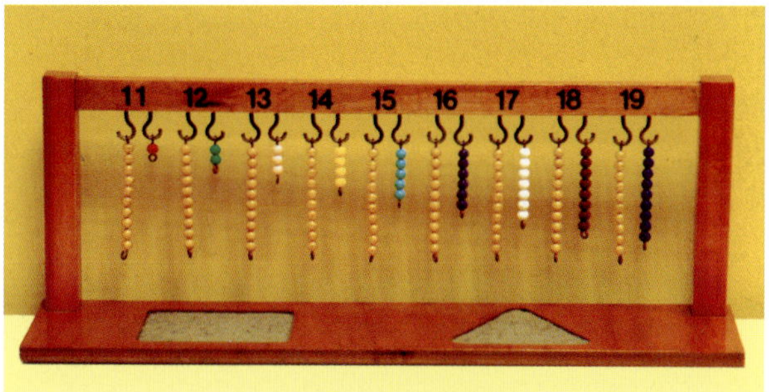
11
12
13
14
15
16
17
18
19

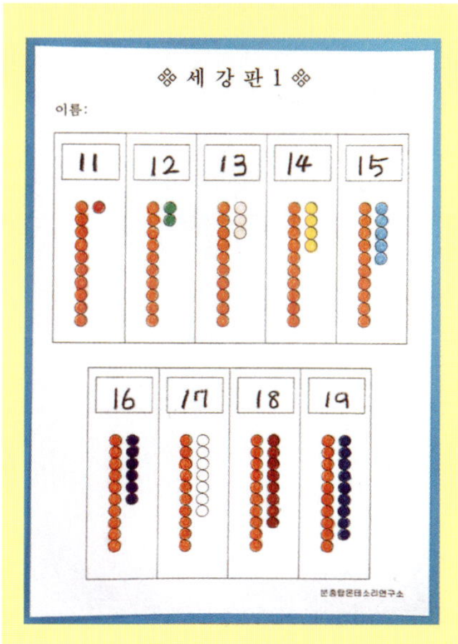
세 강 판 1
이름:
11
12
13
14
15
16
17
18
19

Montessori

세강판 II

Mathmetics

교 구

10의 구슬 45개, 1의 금색 구슬 45개, 세강판 II, 1~9까지의 나무 수카드

대상 연령

4.5세 이상

선행 학습

45나열, 세강판 I, 교환 게임에 경험이 있는 유아

제시 방법

〈제시 1〉 10~90의 소개

1) 양(구슬)의 소개

❶ 유아를 초대하여 교구명과 위치를 알려준다.

❷ 구슬을 먼저 보여준다.
10의 구슬을 하나 놓고 "이것은 10이야."
10의 구슬 밑에 10의 구슬 두 개를 놓으며 "10, 20. 이것은 20이야."
10과 20으로 3단계 학습한다.

❸ 20의 구슬 밑에 10의 구슬 세 개를 놓으며 "10, 20, 30. 이것은 30이야." 라고 말하고 20과 30으로 3단계 학습한다.

❹ 같은 방법으로 90까지 소개한다.

2) 수의 소개

❶ 숫자판을 소개한다.
숫자판에 써있는 숫자를 읽어보게 한다.
"10, 20, 30, 40, 50, 60, 70, 80, 90."

3) 양과 수의 소개

❶ 숫자판의 수만큼 구슬을 놓아보도록 한다.

양의 소개

수의 소개

양과 수의 소개

〈제시 2〉 11부터 99까지의 연속수

❶ 10부터 90까지 수를 익히면 11부터 99까지 수를 소개한다.

❷ 세강판 오른쪽에 수카드 1부터 9까지 쌓아놓고 세강판 왼쪽에 10의 구슬을 놓는다. 그리고는 1의 구슬을 10의 구슬 옆에 놓고 세강판 1의 자리에 1의 나무 수카드를 넣어 11을 만든다.

❸ "1의 구슬을 하나 더 놓으면 12가 된단다." 1의 수카드를 꺼내 뒤집어 놓고 2의 숫자 카드 2를 넣어 12를 만든다.

❹ "1의 구슬을 하나 더 놓으면 13!" 수카드 2를 꺼내 뒤집어 놓고 수카드 3을 넣어 13을 만든다.

❺ 19까지 같은 방법으로 제시한다. "구슬을 하나 더 놓으면 어떤 수가 올까? 19 다음에는 20이 오지."

다음 칸의 20을 가리키고 10의 구슬은 끌어내리고 열 개의 1의 구슬은 한 개의 10의 구슬과 바꿔 끌어내린 10의 구슬 옆에 둔다.
같은 방법으로 99까지 계속한다.

❻ 교구와 매트를 정리한다.

〈제시 3〉 두 자리 수 만들기

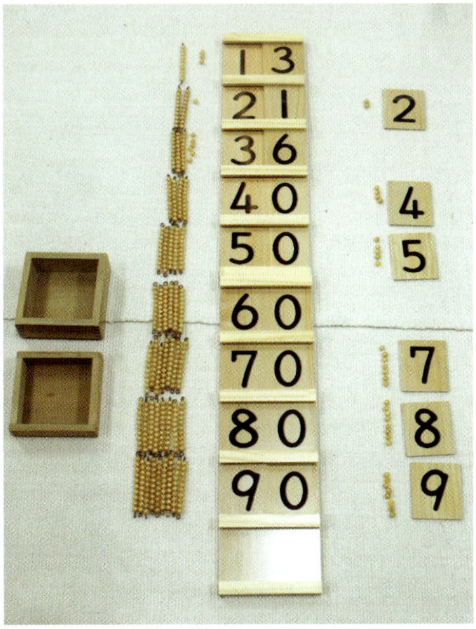

❶ 세강판 왼쪽에 10구슬을 10의 자리 숫자만큼 놓는다.

❷ 세강판 오른쪽에 1구슬을 1의 자리 숫자만큼 놓는다.

❸ 10의 자릿수와 1의 자릿수를 임의대로 선택해서 두 자리 수를 만들어 본다.

"10하고 3은 13이 됩니다"

"20하고 5는 25가 됩니다."

❹ 10~90까지 1의 자릿수와 결합하여 두 자릿수를 만들어 본다.

목 적

- 11에서 99까지 연속수의 순열을 습득시킨다.
- 십진법의 양과 수의 개념을 강화시킨다.
- 사칙연산을 위한 준비를 한다.
- 내적인 통제력을 기른다.
- 수학적 두뇌를 발달시킨다.
- 집중력, 정확성, 자신감을 기른다.

흥 미 점

- 11에서 99까지의 구슬을 세는 것
- 숫자를 만들기 위하여 나무 수카드을 나무판에 끼웠다 뺐다 하는 것
- 숫자를 읽어보는 것

실수의 정정

- 유아의 수에 대한 인식
- 교사의 확인

응 용

- 유아가 임의대로 수를 만들어 보게 한다.
- 두루마리 종이에 1~99까지 숫자 쓰기
- 종이에 구슬을 오려 붙여서 수를 만들어 본다.

- 유아가 교구 활동하는 것을 힘들어 하면 구슬을 놓는 것을 생략하고 숫자판에 끼우면서 숫자를 읽어보게 한다.
- 제시 1, 2, 3을 같은 날 제시하지 않는다.

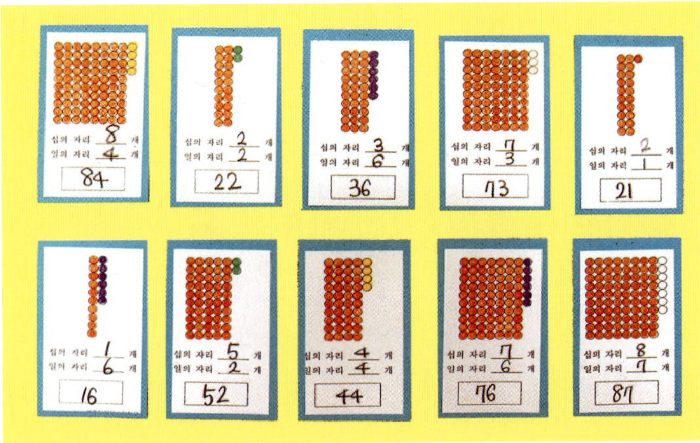

Montessori

100판

Mathmetics

교　　구

- 30×30cm의 정사각형 100판
- 1~100까지의 수가 각각 쓰여 있는 정정판
- 100개의 숫자 타일

대상 연령

4.5세

선행 학습

세강판 I, II

제시 방법

❶ 유아를 초대하여 교구명과 위치를 알려준다.

❷ 100판을 가져와 매트에 놓고, 정정판은 100판 위에 놓는다.

❸ 상자에서 숫자 타일을 1부터 10까지 꺼내 순서 없이 놓는다.

❹ 1부터 10까지 순서대로 100판을 채운다.

❺ 11~20, 21~30, …, 91~100까지 열 개의 단위로 숫자 타일을 꺼내서 숫자를 맞추어 본다.

❻ 100까지의 숫자 타일을 다 맞추어 본 다음 정정판과 똑같이 100판 위에 숫자를 채웠는지 확인한다.

❼ 1~10까지의 숫자 타일을 차례대로 모은 후 섞어서 정리한다.

❽ 100의 숫자 타일까지 정리한다.

❾ 교구를 교구장에 정리한다.

목 적

- 연속수의 숫자 배열에 대한 이해를 돕는다.
- 숫자의 자유로운 사용을 위한 연습을 한다.
- 1에서 100까지의 수의 순서를 익힌다.
- 1에서 100까지의 수의 이름을 강화시킨다.
- 집중력과 정확성을 기른다.

흥 미 점

- 바둑판 모양의 판 위에 숫자가 쓰인 말을 순서대로 놓아보는 것
- 판에 놓인 수를 추측하는 것

정 정

- 유아의 수에 대한 인식
- 교사의 확인

응 용

- 대각선으로 놓아보기

- X자로 놓아보기
- 홀수와 짝수로 나열해 보기
- 1에서 100까지 거꾸로 세기
- 같은 자릿수끼리 나열해 놓은 뒤 놓아보기
- 교사가 부르는 수 지우기

100판

이름 :

1	2	3	4	5	6	7	8	9	10
11	12	13	14	15	16	17	18	19	20
21	22	23	24	25	26	27	28	29	30
31	32	33	34	35	36	37	38	39	40
41	42	43	44	45	46	47	48	49	50
51	52	53	54	55	56	57	58	59	60
61	62	63	64	65	66	67	68	69	70
71	72	73	74	75	76	77	78	79	80
81	82	83	84	85	86	87	88	89	90
91	92	93	94	95	96	97	98	99	100

Montessori

짧은 구슬 사슬 (제곱 구슬 사슬)

Mathmetics

교 구

- 1부터 9까지의 짧은 구슬 사슬
- 1부터 9까지의 제곱 구슬(정사각형 색 구슬)
- 숫자 화살표 : 1의 배수부터 9의 배수가 각각 적혀 있음
- 화살표를 보관할 수 있는 용기 9개
- 셈자, 매트

대상 연령

4.5~5세

선행 학습

100의 구슬 사슬

제시 방법

❶ 유아를 초대하여 교구명과 위치를 알려준다.
(수 영역으로 유아를 데리고 가서 색 구슬장을 보여준다.)

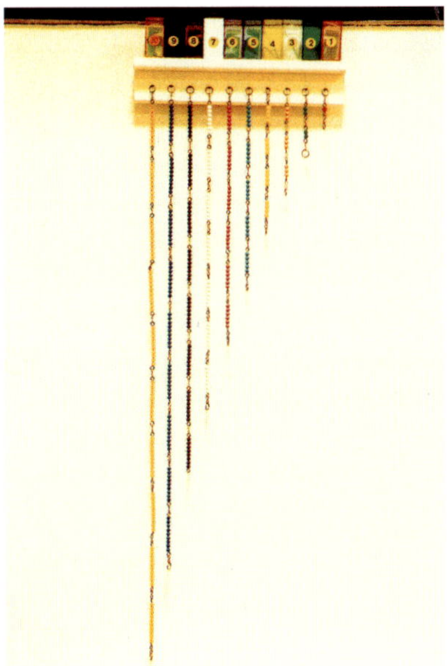

❷ 100의 구슬과 10의 제곱 구슬 사슬, 셈자, 숫자 화살표를 매트 위에 가져온다.

❸ 100의 구슬 안에 정말 백 개의 구슬이 있는지 확인해 보자고 말한다.

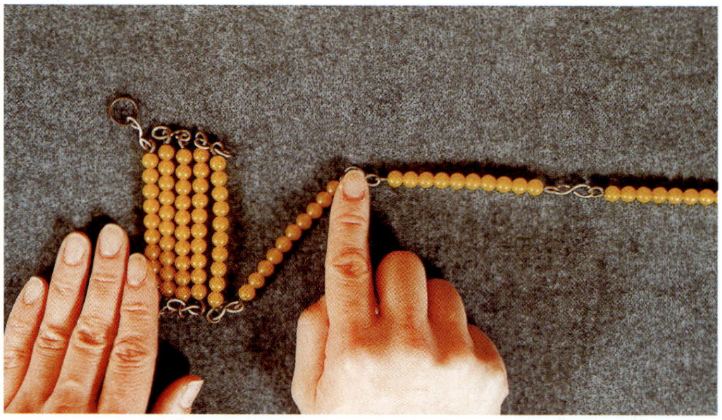

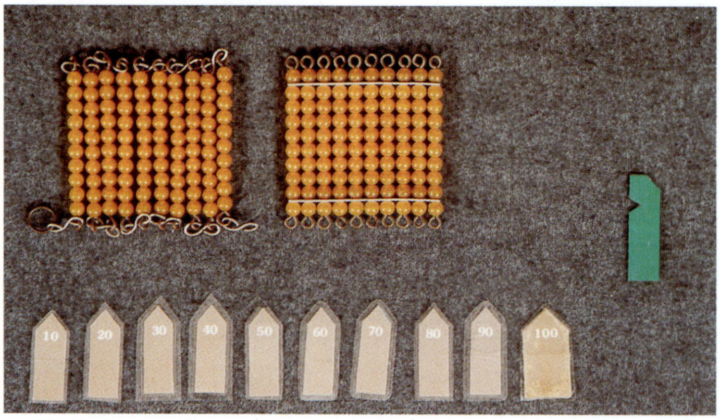

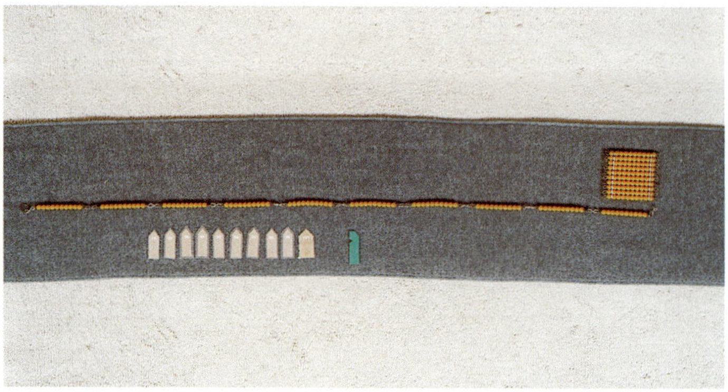

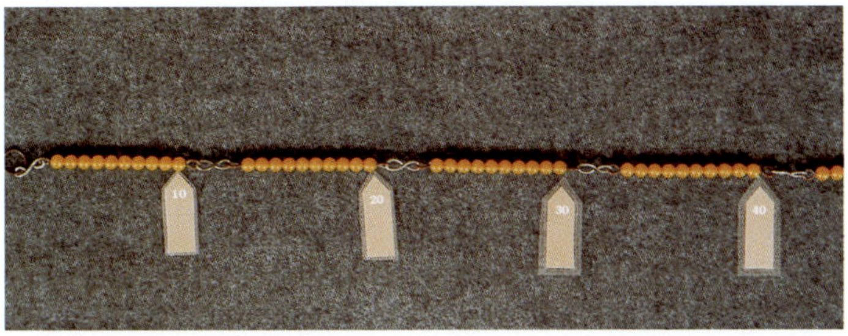

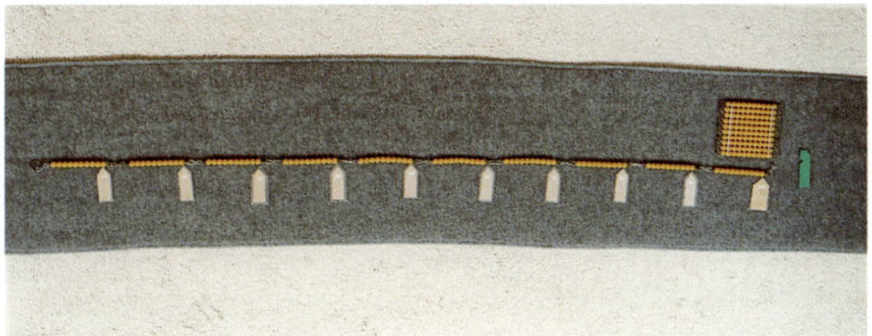

❹ 10의 구슬 사슬을 지그재그로 모으면서 네모를 만들어 100의 구슬과 똑같은 크기를 만들어 비교해 본다.

"100의 구슬은 세기가 불편하니까 10의 제곱 구슬 사슬을 펼쳐서 세어보자."

❺ 숫자 화살표를 꺼내놓고 셈자로 숫자를 세어본다.

❻ 구슬을 세면서 해당하는 곳에 숫자 화살표를 놓는다.

"그런데 100의 숫자 화살표는 왜 크지? 다른 숫자 화살표보다 뚱뚱하네. 뚱뚱한 화살표를 만나면 정사각형의 구슬이 만들어진다는 의미야. 그건 어려운 말로 제곱이 되었다는 뜻이야."

10의 제곱은 100이며, 100의 구슬에는 100개의 구슬이 있음을 보여준다.

유아가 이미 알고 있는 10의 제곱 구슬인 100구슬을 먼저 소개하는 것이 좋다.

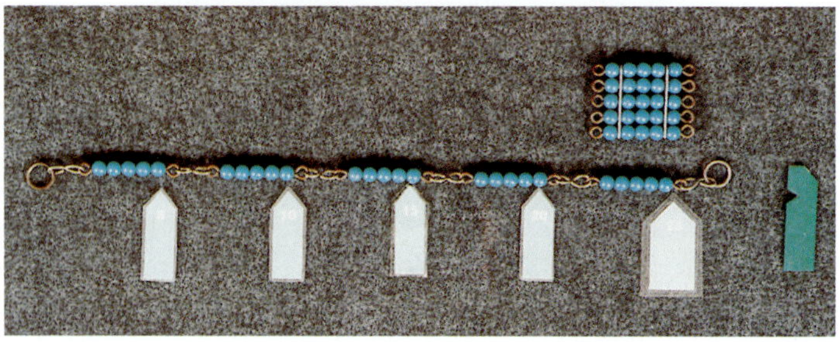

⑦ 나머지 제곱 구슬도 위와 같은 방법으로 제시한다.

⑧ 작업지를 주어 숫자를 써보게 한다.

⑨ 교구를 교구장에 정리한다.

목 적

- 100까지의 연속수 세기를 강화시킨다.
- 배수의 개념을 소개한다.
- 건너뛰어 세는 연습을 강화시킨다.
- 곱셈을 위한 준비를 한다.
- 내적인 통제력을 기른다.
- 보다 높은 수준의 수학적 능력을 발달시킨다.
- 길이로 된 양과 넓이로 된 양의 관계를 알게 한다.

흥 미 점

- 길게 연결되어 있는 구슬을 보는 것
- 셈자로 구슬을 세면서 화살표를 놓는 것
- 건너뛰며 세기
- 구슬 사슬로 정사각형을 만들어 보는 것

실수의 정정

- 화살표 숫자의 크기
- 교사의 확인

응　　용

- 1부터 1000까지 숫자 쓰기

  구슬 세기와 화살표 숫자 놓기를 완성한 후 부교재 작업지에 숫자를 써보도록 한다.

  구슬 정사각형을 만든 후에 100판에서와 같은 바둑판 모양의 종이에 숫자를 써보도록 한다.

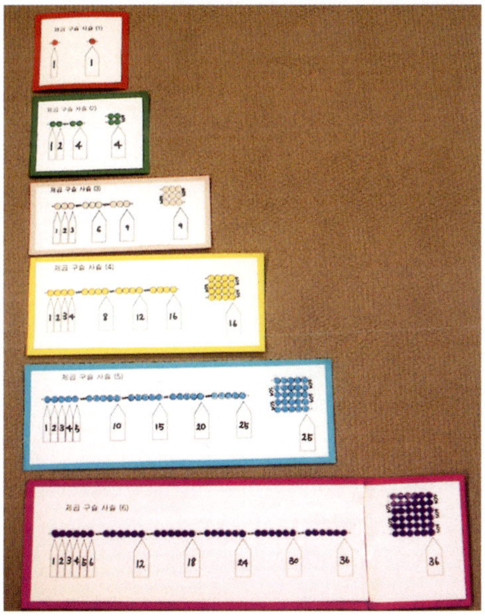

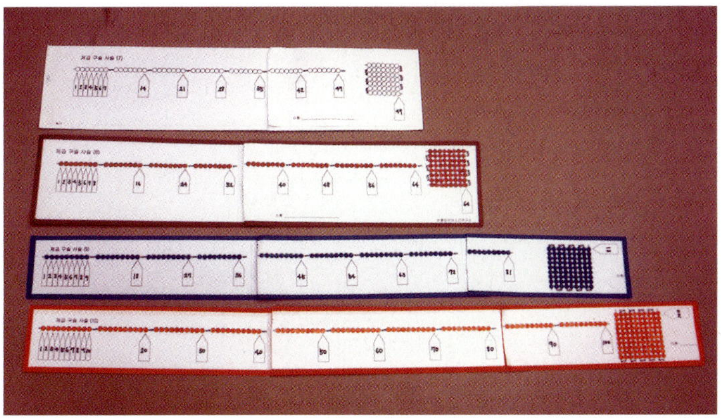

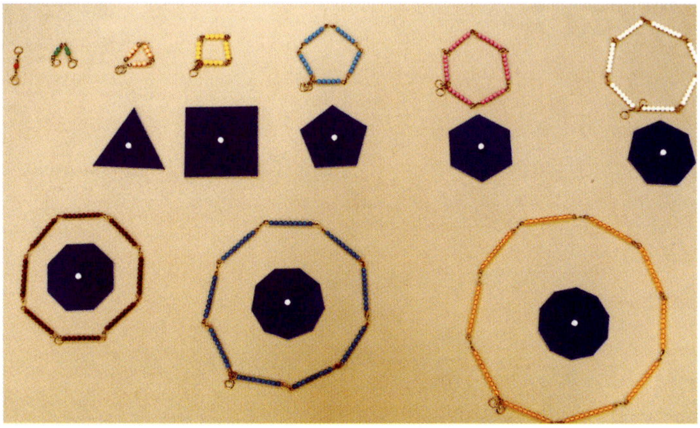

• 양을 길이로도 나타낼 수 있고 넓이로도 나타낼 수 있음을 보여주는 교구이다.
• 전체를 보여 준 후 구구단을 외우듯이 한 줄씩 제시한다.
  한 줄씩 제시할 경우에 5의 구슬(하늘 색)부터 제시한다.

Montessori

긴 구슬 사슬 (세제곱 구슬 사슬)

Mathmetics

교 구

- 긴 구슬 사슬 : 1부터 9까지의 세제곱 구슬 사슬
- 1부터 9까지의 세제곱 구슬(정육면체)
- 1부터 9까지의 제곱 구슬(9개의 정사각형)
- 숫자 화살표, 셈자, 숫자 화살표 용기
- 긴 구슬 사슬을 직선으로 늘어놓을 수 있는 길이의 매트, 숫자 화살표를 나열해 놓을 매트 1장

대상 연령

4.5~5세

선행 학습

짧은 구슬 사슬을 경험한 유아

제시 방법

〈제시 1〉 긴 구슬 사슬(세제곱 구슬 사슬)

❶ 유아를 초대하여 교구명과 위치를 알려준다.

❷ 5의 세제곱 구슬과 5의 세제곱 구슬 사슬을 매트 위에 가져온다.

❸ 5의 세제곱 구슬을 먼저 보여준다.
"이 안에 구슬이 몇 개나 있는지 알아보도록 하자. 그런데 다 붙어 있어서 쉽게 셀 수가 없구나. 선생님이 이 구슬을 쉽게 세는 방법을 알려줄게."

❹ 5의 긴 구슬 사슬을 늘어놓고, 긴 구슬 사슬을 지그재그로 모은다.
5의 제곱이 될 때마다 5의 제곱 구슬을 위에 놓고 비교해 본다.

❺ 5의 제곱이 다섯 개가 다 만들어지면 5의 제곱 구슬을 포개서 5의 세제곱 구슬이랑 똑같음을 비교한다.

❻ "그럼, 이 긴 구슬 사슬을 세어보면 이 안에 구슬이 몇 개인지 알 수 있겠지. 한 번 세어보도록 하자."

❼ 교사는 먼저 숫자 화살표를 순서 없이 매트 위에 놓는다.

❽ 셈자로 숫자를 세어본 뒤 배수에 해당하는 곳에 숫자 화살표를 놓아본다.

❾ 교사는 5, 10, 15 … 25의 순서대로 놓다가 뚱뚱한 화살표를 (제곱 구슬) 소개한다.

❿ 구슬의 수가 25, 50, 75, 100, 125가 될 때 뚱뚱한 화살표를 놓으며 제곱이 만들어졌는지 확인해 본다.
"어떨 때 제곱이 되는 걸까? 5의 구슬이 다섯 개가 되면 제곱이 되는구나."

⓫ 125는 5의 세제곱수이며 정육면체가 만들어짐을 알려준다.
"125의 화살표는 다른 것보다 훨씬 뚱뚱하네. 이 뚱뚱한 화살표는 우리에게 어떤 뜻을 주는거야. 그것은 '세제곱을 만들었습니다' 란 뜻이야."

⑫ 유아와 함께 125의 숫자 화살표를 읽어본다.
"이 구슬 안에는 125만큼의 구슬이 있다는 뜻이야."

⑬ 5의 긴 구슬 사슬을 먼저 제시해 주고 다른 긴 구슬 사슬도 같은 방법으로 제시를 해준다.

⑭ 작업지를 주어 써보게 한다.

⑮ 교구를 교구장에 정리한다.

〈제시 2〉 10의 세제곱 구슬 사슬 소개

제시 방법

❶ 유아를 초대하여 교구명과 위치를 알려준다.

❷ 구슬 사슬을 나르는 방법을 알려준다.

❸ 10의 세제곱 구슬(1000의 구슬)과 10의 세제곱 구슬 사슬을 매트 위에 가져온다.

④ 1000의 구슬을 먼저 보여준다.

"이건 1000의 구슬이야. 1000의 구슬은 이 속에 구슬이 천 개가 있다는 거야. 실제로 천 개의 구슬이 들어있나 세어보자."

⑤ 10의 긴 구슬 사슬을 지그재그로 모으면서 100의 구슬(10의 제곱 구슬)을 만들고 100의 구슬과 서로 같음을 보여준다. 10의 제곱 구슬이 만들어질 때마다 확인해 준다.

⑥ 10의 제곱 구슬 열 개를 서로 포개어 10의 세제곱 구슬(1000의 구슬)과 같음을 보여주고 구슬을 펼친다.

⑦ 숫자 화살표를 꺼내 100 단위별로 분류해 놓고 셈자로 숫자를 세어본다.

⑧ 먼저 10까지 세어보고 구슬 수에 해당하는 숫자 화살표를 놓아본다.

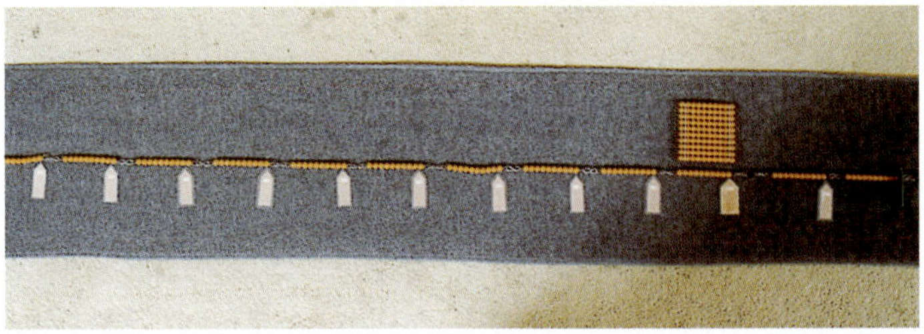

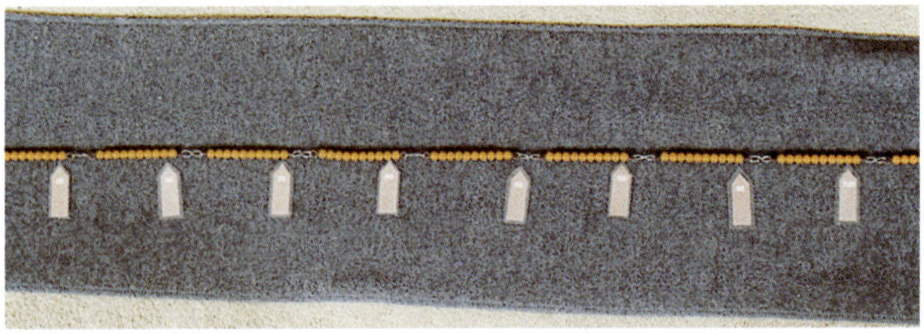

⑨ 뚱뚱한 화살표를 만날 때마다 제곱을 설명한다.

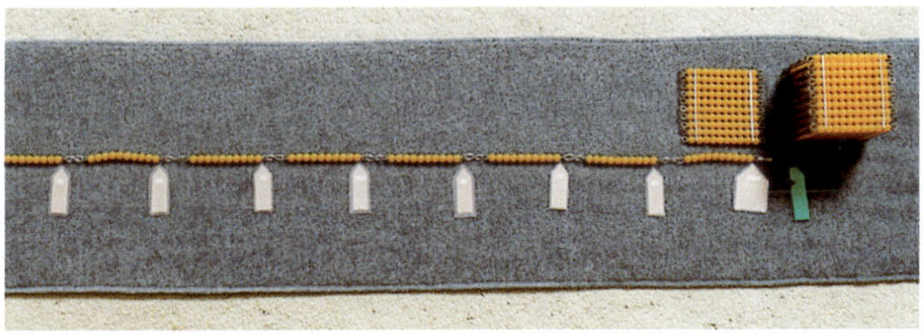

⑩ 제곱 구슬을 놓아보고 실제로 제곱 구슬이 됐는지 짧은 구슬 사슬을 갖다 대보고 맞는지 확인해 본다.
⑪ 1000까지 같은 방법으로 진행한다.
⑫ 매우 뚱뚱한 숫자 화살표를 설명해 준다.
"이 숫자 화살표는 매우 뚱뚱하네. 그것은 세제곱을 만들었다는 뜻이야. 이 안에는 정말 천의 구슬이 있구나!"
1000의 구슬 위에 숫자 화살표를 올려놓으며 말한다.
⑬ 교사는 유아와 함께 뚱뚱한 화살표만 읽어본다.
"100! 200! 300! 400! … 1000!"
⑭ 작업지를 주어 써보게 한다.
⑮ 교구를 교구장에 정리한다.

1000의 구슬 사슬이 1000의 구슬 정육면체가 됨을 시각적으로 보여준 후에 수 세기를 소개하는 것도 좋은 방법이다.

목 적

- 1000까지의 연속수 세기를 강화시킨다.
- 건너뛰며 세기의 준비를 한다.
- 길이로 된 양과 넓이로 된 양의 관계를 알게 한다.
- 내적인 통제력을 기른다.
- 보다 높은 수준의 수학적 능력을 발달시킨다.

흥 미 점

- 구슬 사슬의 길이를 보는 것
- 구슬 사슬을 반으로 접어 옮기는 것
- 화살표 숫자의 크기와 모양
- 구슬을 접어서 정사각형이 만들어지는 것을 보는 것
- 셈자로 구슬을 세는 것
- 건너뛰며 세는 것
- 구슬 정사각형을 포개어 정육면체를 만드는 것

실수의 정정

- 화살표 숫자의 크기
- 교사의 확인

응 용

작업지로 띠 벽지 만들기

Montessori

연속수 쓰기

Mathmetics

교　　구

작은 수카드, 두루마리 종이, 초록 · 파란 · 빨간 색연필, 셈자, 1의 구슬 10개, 10의 구슬 10개, 100의 구슬 10개, 1000의 구슬 1개

대상 연령

4.5세 이상

선행 학습

45나열에 경험이 있는 유아

제시 방법

❶ 유아를 초대하여 교구명과 위치를 알려준다.

❷ 1의 구슬 한 개를 놓고 수카드 1을 놓고 1을 쓴다. 1의 구슬을 또 한 개 놓고 수카드 2를 놓고 2를 쓴다.

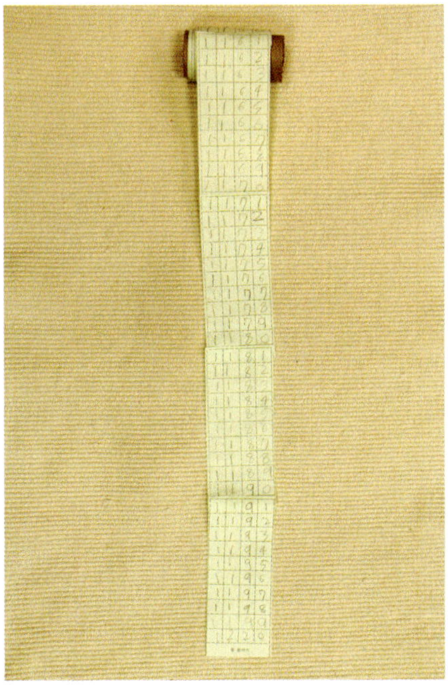

❸ 같은 방법으로 10까지 쓴다. 교사는 수를 쓰는 칸 밑에 여유의 공간을 두어 유아가 종이를 이을 수 있도록 한다.

㉠ 유아는 1의 종이(1~9) 끝과 10의 종이(10~19) 시작 칸 위에 풀칠을 하여 이어 붙인다.

❹ 원하는 만큼 연속수 쓰기를 한 후 교구를 제자리에 정리한다.

목 적

- 1~1000까지의 수를 셀 수 있고 쓸 수 있는 연습을 시킨다.
- 수가 커질수록 양도 커진다는 것을 인식시킨다.
- 10진법의 각 단위의 자릿수를 익힌다.
- 집중력, 정확성, 자신감을 기른다.

흥 미 점

- 구슬을 세고 해당하는 수카드를 꺼내 읽어 보는 것
- 종이를 말아가면서 숫자를 쓰는 것
- 숫자가 쓰여진 종이를 보는 것

실수의 정정

- 차례대로 쓰여지지 않았을 때
- 유아의 수에 대한 지식

| Chapter 4 |

사칙 연산

1. 은행놀이

1) 덧셈　2) 곱셈　3) 뺄셈　4) 나눗셈

2. 우표놀이

1) 덧셈　2) 곱셈　3) 뺄셈　4) 나눗셈

3. 점놀이

1) 덧셈　2) 곱셈　3) 뺄셈

4. 작은 구슬틀

1) 덧셈　2) 곱셈　3) 뺄셈

Montessori

은행놀이-덧셈

Mathmetics

교　　구

- 금색 구슬 은행
- 큰 수카드 1세트, 작은 수카드 1세트
- +, = 부호
- 구슬을 담아서 나를 빈 쟁반 1개
- 작업지, 매트 두 장

대상 연령

4.5세 이상

선행 학습

금색 구슬의 나열, 10쟁반(교환 게임)

제시 방법

❶ 유아를 초대하여 교구명과 위치를 알려준다.

❷ 매트 한 장에 큰 수카드를 유아와 읽으면서 나열한다. 다른 매트에 작은 수카드를 유아와 읽으면서 나열한다.

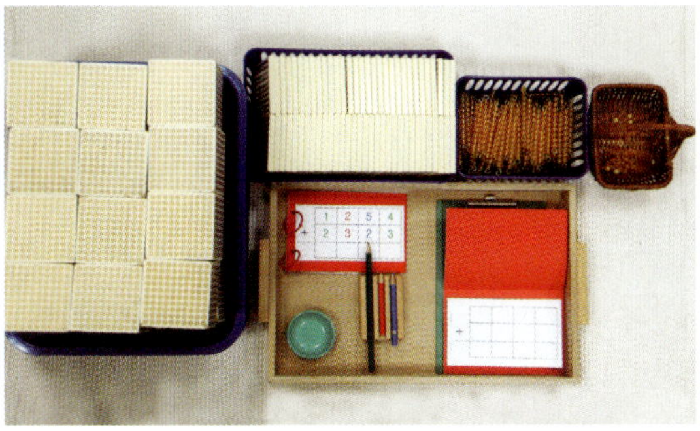

③ '+' 와 '=' 부호를 소개해 준다.

"'+' 이것은 더하기 부호야. 더하기란 작은 수와 작은 수를 합쳐서 큰 수를 만드는 거야. '=' 이것은 등호야. 등호는 '~가 됩니다' 라고 말해 주는 거야. 이 부호를 어떻게 쓰는지는 활동하면서 보여줄게."

〈제시 1〉 받아올림이 없는 덧셈

① 유아에게 작은 수카드 '2354' 를 읽어주고 카드를 찾아 쟁반에 올리게 하고 그 수만큼 구슬을 가져오게 한다.

② 유아가 구슬을 가져오면 1의 구슬부터 세어서 매트에 놓고 구슬 밑에 카드를 놓는다.

③ "1, 2, 3, 4." 4의 구슬 밑에 4의 수카드를 놓는다.

④ "10, 20, 30, 40, 50." 50의 구슬 밑에 수카드를 놓는다.

⑤ 같은 방법으로 100, 1000의 구슬 밑에 수카드를 놓는다.

⑥ 구슬을 다 놓은 뒤 유아와 함께 구슬과 수카드를 모은다.
"선생님은 구슬을 모아볼게. 우리 친구는 카드를 모아보자."

⑦ 유아와 함께 얼만큼의 수가 됐는지 읽어본다.
"2354."

⑧ 다른 작은 수 '4221'을 읽어 주어 카드를 찾아 쟁반에 놓고 그 수만큼 구슬을 가져오게 한다.

⑨ 1의 구슬부터 세고 구슬 밑에 수카드를 놓는다.

⑩ 같은 방법으로 1000의 자리까지 한 뒤 구슬과 카드를 모은 후 가져온 수카드를 읽는다. "4221."

⑪ 두 수를 합해본다. 합할 때는 항상 1의 구슬부터 합해보게 한다.
"1, 2, 3, 4, 5." 5의 큰 수카드를 가져오게 하여 구슬 밑에 놓는다.

⑫ 이번에는 10의 구슬을 합해본다. "10, 20, 30, 40, 50, 60, 70." 70의 큰 수카드를 가져와 구슬 밑에 놓는다.

⑬ 이번에는 100의 구슬을 합해본다.
"100, 200, 300, 400, 500." 500의 큰 수카드를 가져와 구슬 밑에 놓는다.

⑭ 이번에는 1000의 구슬을 합해본다.
"1000, 2000, 3000, 4000, 5000, 6000." 6000의 큰 수카드를 가져와 구슬 밑에 놓는다.

⑮ 구슬을 모으고 수카드를 모두 모은 뒤 유아와 함께 활동을 정리해 본다. "2354만큼의 구슬과 4221만큼의 구슬을 합했더니 6575가 되었어요." 이때 + 부호와 = 부호를 옮기면서 설명한다.
이번에는 읽어본다. "2354+4221=6575."

⑯ 유아에게 읽어보게 한다.

⑰ 유아에게 작업지를 주고 문제와 답을 쓰고 읽게 한다.

〈제시2〉 받아올림이 있는 덧셈

❶ "오늘은 조금 더 어려운 덧셈 은행놀이를 해볼거야." 교사는 유아에게 수를 말해 준 뒤 유아에게 구슬을 가져오게 한다. "3267."

❷ 유아가 구슬을 가져오면 1의 구슬부터 확인하면서 수카드를 놓는다.

❸ 구슬과 수카드가 놓여지면 유아와 함께 구슬과 카드를 모으고 수카드를 읽어본다.

❹ 교사가 합하는 다른 수를 불러주고 구슬을 가져오게 한다. "1875."

❺ 유아가 가져온 구슬과 수카드를 놓는다.

❻ 유아와 함께 구슬과 카드를 모으고 읽어본다.

❼ 유아가 가지고 온 구슬을 1의 자리부터 합한다.

❽ "1, 2, 3, 4, 5, 6, 7, 8, 9, 10. 그만! 1의 자리에는 열 개의 수가 올 수 없단다. 어떻게 하면 좋을까? 1의 구슬 열 개를 10의 구슬 한 개로 은행에 가서 바꿔오자."

⑨ 바꿔온 후 다시 한 번 정리한다. "우리는 1의 구슬 열 개를 가지고 가서 10의 구슬 한 개로 바꿔왔어." 바꿔온 10의 구슬은 다른 10의 구슬과 같이 두고 나머지 1의 구슬을 세어서 답을 낸다. 큰 수카드 2를 가져다 구슬 밑에 놓는다.

⑩ 같은 방법으로 10의 구슬, 100의 구슬, 1000의 구슬까지 합한 뒤 구슬에 해당하는 큰 수카드 5142를 가져오게 한다.

⑪ 구슬과 수카드를 모두 모은 뒤 유아와 함께 활동을 정리해 본다. "3267만큼의 구슬과 1875만큼의 구슬을 합쳤더니 5142만큼의 구슬이 되었습니다. 이번에는 읽어 볼게. 3267+1875=5142."

⑫ 유아에게 읽어보도록 한다.

⑬ 유아에게 작업지를 주고 문제와 답을 쓰고 읽게 한다.

⑭ 교구를 교구장에 정리한다.

목　적

- 덧셈의 개념 소개 : 덧셈이란 2개 이상의 수가 합쳐져 더 큰 새로운 수를 만드는 것임을 알게 한다.
- 십진법의 이해를 강화시킨다.
- 수학적 두뇌의 발달을 돕는다.

흥 미 점

- 2개 수의 양이 합쳐져 큰 수의 양이 되는 것을 보는 것
- +, =의 사용
- 작업지에 문제와 답을 쓰고 읽기

실수의 정정

- 검산(구슬 세기)
- 정정판

언　어

은행 놀이, 1~1000의 구슬, 1~1000의 수카드, 작은 수카드, 큰 수카드, 나열하다, 놓다, 담다, 쌓다, 가리키다, 올림이 있는 덧셈, 교환

Montessori

은행놀이-곱셈

Mathmetics

교 구

- 금색 구슬 은행
- 큰 수카드 1세트, 작은 수카드 1세트
- ×, = 부호
- 구슬을 담아서 나를 빈 쟁반 한 개
- 매트 두 장, 작업지

대상 연령

4.5세 이상

선행 학습

10쟁반(교환 게임), 덧셈 은행 놀이

제시 방법

❶ 유아를 초대하여 교구명과 위치를 알려준다.

❷ '×' 부호를 소개해 준다.
"이것은 곱하기 부호야. 곱하기는 똑같은 수를 자꾸 더하는 거야. 이 부호를 어떻게 쓰는지는 교구 작업을 하면서 보여줄게."

〈제시 1〉 받아올림이 없는 곱셈

❶ 교사가 "1232" 수를 읽어주면 유아는 작은 수카드를 찾아 쟁반에 올리고 은행에서 구슬을 가져오게 한다.

❷ 유아가 구슬을 가져오면 1의 구슬부터 세면서 수카드를 구슬 밑에 놓는다.

❸ 같은 방법으로 10의 구슬, 100의 구슬, 1000의 구슬까지 세고 카드를 놓는다.

❹ 구슬을 다 놓은 뒤 유아와 함께 구슬과 수카드를 모은 후 수를 읽어본다. "1232."

❺ 유아에게 같은 수를 한 번 더 갖고 오게 한다.

❻ 유아가 가져온 구슬을 놓으면 수카드와 구슬을 모은 후 가져온 수를 다시

읽어본다. "1232."

⑦ 유아에게 같은 수를 한 번 더 가지고 오게 한 뒤 위와 같은 방법으로 제시한다.

⑧ 유아와 함께 몇 번을 가지고 왔는지 확인해 본다.
"우리 친구가 1232를 몇 번 가지고 왔니? 한 번, 두 번, 세 번을 가지고 왔구나."

⑨ 유아가 가져온 수를 1의 자리부터 합쳐본다.
"1, 2, 3, 4, 5, 6."
6의 구슬 밑에 큰 수카드 6을 놓는다.

⑩ 10, 100, 1000의 구슬도 같은 제시 방법으로 놓은 뒤 구슬과 수카드를 모두 모은다.
"구슬을 모두 합쳤더니 3696이 되었구나."

⑪ 작업을 정리해 본다.
"1232 더하기 1232 더하기 1232는 3696이 되었습니다. 너무 길지? 선생님이 짧게 해줄게. 1232를 3번 가져왔더니 3696가 되었어요." 곱셈 부호와 등호를 옮기면서 설명한다.
이번에는 읽어 본다. "1232×3=3696."

⑫ 유아에게 작업지를 주고 문제와 답을 적고 읽어보도록 한다.

⑬ 교구를 교구장에 정리한다.

〈제시 2〉 받아올림이 있는 곱셈

❶ “오늘은 조금 다른 곱셈을 소개할게. 이번에는 조금 어려운 곱셈을 해볼 거야.”
교사가 ‘1356’의 수를 읽어 주면 유아는 작은 수카드를 찾아 쟁반에 올리고 은행에서 구슬을 가져온다.

❷ 유아는 구슬을 가져와서 나열하고 수카드를 놓는다.

❸ 구슬을 모은 뒤 카드를 모은다.

❹ 유아에게 “1356을 한 번 더 가져다 주세요.”라고 세 번 더 말한다.

❺ 가지고 와서 나열된 구슬을 모두 합쳐본 뒤 1의 구슬부터 세어본다.

❻ 1의 구슬을 세다가 10이 넘으면 활동을 멈추고 10의 구슬 한 개와 교환한다. 유아가 구슬을 바꿔오면 1의 구슬 열 개와 10의 구슬 한 개와 바꿔온

것을 확인한다.

⑦ 같은 방법으로 10, 100, 1000의 구슬을 세어본 뒤 큰 수카드를 찾아 구슬 밑에 놓는다.

⑧ 구슬과 수카드를 모은다. 수를 읽어본다.

⑨ 활동을 정리해 본다.
"1356 더하기 1356 더하기 1356 더하기 1356는 5424가 되었습니다. 너무 기니까 짧게 만들어 보자. 1356을 네 번 가져왔더니 5424가 되었어요." 부호를 옮기면서 설명한다. 이번에는 읽어본다. "1356×4=5424."

⑩ 유아에게 작업지를 주고 문제와 답을 적은 후 읽어보게 한다.

⑪ 교구를 교구장에 정리한다.

목 적

- 곱셈의 개념 소개 : 곱셈이란 같은 수를 여러 번 더해 더 큰 새로운 양을 만드는 것임을 알게 한다.
- 십진법의 이해를 강화시키다.
- 수학적 두뇌을 발달시킨다.

흥 미 점

- 여러 수의 양이 (곱) 합쳐져 큰 수의 양이 되는 것을 보는 것
- ×, =의 사용
- 작업지에 문제와 답을 쓰고 읽기

실수의 정정

- 검산(구슬 세기)
- 정정판

언 어

은행놀이, 1~1000의 구슬, 1~1000의 수카드, 작은 수카드, 큰 수카드, 나열하다, 놓다, 담다, 쌓다, 가리키다, 올림이 있는 곱셈, 교환

곱셈의 개념을 확실히 알기 위해서는 개인적으로 제시하는 것이 좋다.

Montessori

은행놀이-뺄셈

Mathmetics

교 구

- 금색 구슬 은행
- 큰 수카드 한 세트, 작은 수카드 한 세트
- −, = 부호
- 구슬을 담아서 나를 빈 쟁반 한 개
- 매트 두 장, 작업지

대상 연령

4.5세 이상

선행 학습

금색 구슬의 나열, 10쟁반(교환 게임), 은행놀이-덧셈, 곱셈

제시 방법

❶ 유아를 초대하여 교구명과 위치를 알려준다.

❷ '−'와 '='부호를 소개해 준다.

"'−' 이것은 뺄셈 부호야. 빼기는 큰 수에서 작은 수를 가지고 가는 거야. '='는 등호야. 등호는 '~가 됩니다'라고 말해주는 거야. 이 부호를 어떻게 쓰는지는 교구 작업을 하면서 보여줄게."

〈제시 1〉 받아내림이 없는 뺄셈

❶ 유아에게 큰 수카드를 주며 수를 읽어보게 한다.

"5468."

❷ 유아에게 큰 수카드만큼의 구슬을 쟁반에 담아서 가지고 오게 한다.

❸ 구슬과 큰 수카드를 1의 자리부터 1000의 자리까지 모두 놓은 뒤 구슬과 카드를 모은다.

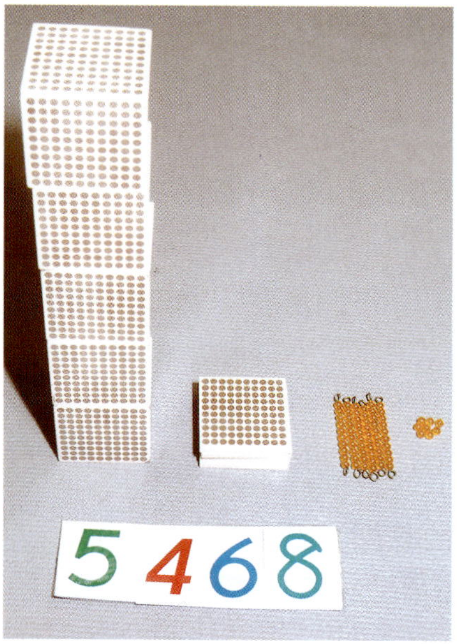

④ 유아에게 3151만큼의 작은 수카드를 쟁반에 담아보게 한다.

⑤ 유아에게 3151만큼의 구슬을 5468만큼의 구슬에서 가져가 보자고 말한다. 1의 자리부터 가져가 보게 한다.
"1만큼 가져가 보자. 50만큼 가져가 보자. 100만큼 가져가 보자. 3000만큼 가져가 보자. 다 가지고 갔으면 얼만큼 남았나 볼까?"

⑥ 교사가 “남아 있는 수를 세어보자.”라고 말한 뒤 1의 구슬부터 세어본다.
“일의 구슬을 세어 보자. 1, 2, … 7! 7이 남았네. 그럼, 7의 작은 수카드를 가지고 와 보자.”

⑦ 유아는 7의 작은 수카드를 가져와서 1의 자리 구슬 밑에 놓는다.

⑧ 같은 방법으로 1000의 자리까지 제시한다.

⑨ 교사가 남은 수를 확인한 후 작업을 정리해 본다.
“처음에 5468만큼의 수를 가져와서 3151만큼 가져갔더니 2317이 남았어요.” 부호를 옮기면서 설명한다. “이제는 읽어 보자. 5468−3151=2317.”

⑩ 유아에게 작업지를 주며 문제와 답을 적고 읽어보게 한다.

⑪ 교구를 교구장에 정리한다.

〈제시 2〉 받아내림이 있는 뺄셈

❶ "오늘은 선생님이 조금 어려운 빼기를 해볼거야." 교사는 5747만큼의 큰 수카드와 구슬을 가져오게 한다.

❷ 구슬과 큰 수카드를 1의 자리부터 모두 놓은 뒤 구슬과 카드를 모은다.

❸ 유아에게 빼어지는 수를 말해 준다.
"1769만큼의 구슬을 가져가 보자."

❹ 유아에게 1의 자리 구슬부터 가져가게 한다.
"1의 자리 구슬을 보자. 7의 구슬에서 9의 구슬을 가져갈 수 있을까? 그럼, 어떻게 하지?"

❺ "선생님에게 좋은 생각이 있어."라고 말한 뒤 10의 구슬 한 개를 은행으로 가져가서 1의 구슬 열 개와 바꿔온다.

❻ 열 일곱 개의 구슬에서 9의 구슬을 가져가게 한다.

❼ 유아와 남아 있는 수를 읽어본 뒤 작은 수카드를 구슬 밑에 놓는다.
"17만큼의 구슬에서 9만큼의 구슬을 가져가니까 8만큼의 구슬이 남았네. 작은 수카드 8을 가져와서 1의 구슬 밑에 놓자."

❽ 10의 자릿수를 확인한다.
"십의 자리 구슬이 처음에는 40이었는데 1의 자리 구슬 열 개와 바꾸어서 30이 됐지요."

❾ 유아에게 10의 자리 구슬을 가져가게 한다.
"30의 구슬에서 60을 가져가 보자. 가지고 갈 수 있어요?"

❿ 유아에게 100의 구슬 1개를 10의 구슬 10개로 바꿔오게 한다. "10의 구슬을 모두 합하니까 130이 되었네. 130의 구슬에서 60의 구슬을 가져가 보자."

⓫ 유아와 남아 있는 수를 읽어본 뒤 작은 수카드를 구슬 밑에 놓는다.
"130의 구슬에서 60의 구슬을 가져가니까 70의 구슬이 남았네. 작은 수카드 70을 가져와서 구슬 밑에 놓자."

⓬ 같은 방법으로 1000의 구슬까지 제시한다.

⓭ 남은 수를 정리한다.
"처음에 5747만큼의 수를 가져와서 1769만큼 가져갔더니 3978이 남았어요." 다시 읽는다. "5747−1769=3978."

⑭ 유아에게 작업지를 주고 문제와 답을 적고 읽어보게 한다.

5747	
−	1769
=	3978

⑮ 교구를 교구장에 정리한다.

목 적

- 뺄셈의 개념 소개 : 뺄셈이란 큰 수에서 작은 수를 가져가는 것임을 알게 한다.
- 십진법의 이해를 강화시킨다.
- 수학적 정신을 발달시킨다.

흥 미 점

- 큰 수의 양에서 작은 수를 빼니까 작은 수가 되는 것을 보는 것
- −, =의 사용
- 작업지에 문제와 답을 쓰고 읽기

실수의 정정

- 검산(구슬 세기)
- 정정판

언 어

은행놀이, 1~1000의 구슬, 1~1000의 수카드, 작은 수카드, 큰 수카드, 나열하다, 놓다, 담다, 쌓다, 가리키다, 올림이 있는 뺄셈, 교환

Montessori

은행놀이-나눗셈

Mathmetics

교　구

- 금색 구슬 은행
- 큰 수카드 한 세트, 작은 수카드 한 세트
- ÷, = 부호
- 구슬을 담아서 나를 빈 쟁반 한 개
- 매트 두 장, 작업지

대상 연령

4.5세 이상

선행 학습

금색 구슬의 나열, 10쟁반(교환 게임), 곱셈 은행 게임

제시 방법

❶ 유아를 초대하여 교구명과 위치를 알려준다.

❷ '÷'와 '=' 부호를 소개해 준다.

"'÷' 이것은 나눗셈 부호야. 나누기는 큰 수를 작은 수로 똑같이 나누어 가져가는 거야. '='는 등호야. 등호는 '~가 됩니다'라고 말해 주는 거야. 이 부호를 어떻게 쓰는 건지는 작업을 하면서 보여줄게."

〈제시 1〉 받아내림이 없는 나눗셈

❶ 유아에게 큰 수카드 3693를 주며 읽어보게 후 구슬을 가져오게 한다.

❷ 가져온 구슬과 큰 수카드를 1의 자리부터 모두 놓은 뒤 구슬과 큰 수카드를 모은다.

❸ 유아에게 가져온 이 구슬을 친구들 3명에게 똑같이 나누어 줄 거라고 말하면서 누구에게 나누어 주고 싶은지를 묻는다.

❹ 나누기에서의 약속을 말해 준다.

"나누어 줄 때는 꼭 지켜야 할 약속이 있어. 항상 제일 큰 수부터 똑같이 나누어 줘야 해."

5. 1000의 구슬부터 하나씩 똑같이 나누어 준다.
6. 1000의 구슬을 다 나누어 주고 나면 100의 구슬을 나누어 준다.
7. 100의 구슬도 하나씩 나누어 주고 남은 100의 구슬을 또 하나씩 나누어 준다. 100의 구슬을 다 나누어 줄 때까지 나누어 준다.
8. 10의 구슬, 1의 구슬도 똑같은 방법으로 나누어 준다.

9. 유아에게 각 친구들이 얼만큼의 구슬을 가졌는지 알아보게 한다. 각 친구들이 1231만큼의 구슬을 가진 것을 확인하고 작은 수카드 1231을 가져와 구슬 밑에 수카드를 놓아보게 한다.

⑩ 나누어진 수를 유아와 함께 읽으면서 확인한다. "3693만큼의 수를 가져와서 3명의 친구들에게 똑같이 나눠주니까 각 친구들이 1231만큼씩 가졌어요." 부호를 옮기면서 설명한다.

"이번에는 읽어볼게. 3693÷3=1231."

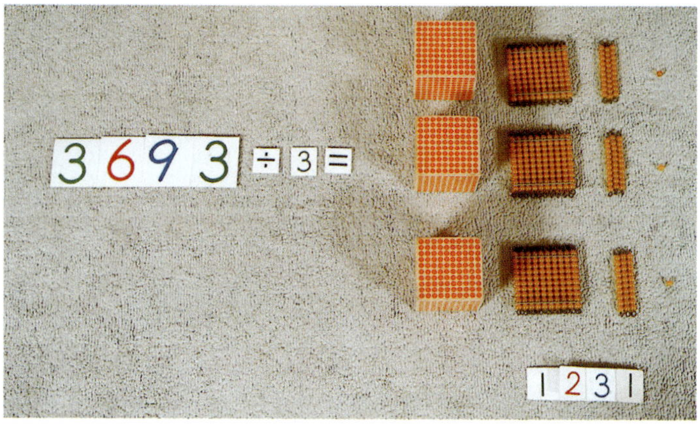

⑪ 유아에게 작업지를 주고 문제와 답을 적은 후 읽어보게 한다.

⑫ 교구를 교구장에 정리한다.

〈제시 2〉 받아내림 있는 나눗셈

❶ "오늘은 조금 어려운 나눗셈을 해보자."

큰 수카드가 있는 쪽으로 가서 수카드 7911을 가져오게 한다.

❷ 은행으로 가서 7911만큼의 구슬을 가지고 온다.

❸ 구슬과 큰 수카드를 1의 자리부터 모두 놓은 뒤 구슬과 큰 수카드를 모은다.

❹ 이번에도 3명의 친구에게 나누어 줄 거라고 말한 뒤 누구에게 나누어 줄 것인지를 묻는다.

❺ 1000의 자리부터 나누어 주도록 한다. 하나씩 나누어 주고 남은 1000의 구슬을 어떻게 하면 좋을지를 물어본다. 똑같이 나누어 주는 것이 약속이므로 1000의 구슬을 열 개의 100의 구슬로 바꾸기로 한다.

⑥ 유아에게 100의 구슬이 남지 않을 때까지 나누어 주도록 한다. 나누어 주고 남은 100의 구슬은 열 개의 10의 구슬로 바꾼다.

⑦ 1의 자리까지 같은 방법으로 제시한다.

⑧ 유아가 구슬을 다 나누어 주었으면 각 친구들이 똑같이 가졌는지를 확인한 후 1의 구슬부터 세어보고 구슬과 같은 카드를 찾아 구슬 밑에 놓게 한다.

"1, 2, 3, 4, 5, 6, 7." 7의 작은 수카드를 찾아서 구슬 밑에 놓는다.

⑨ 같은 방법으로 1000의 자릿수까지 제시한다.

⑩ 교사가 나누어진 수를 정리해 준다.

"7911만큼의 구슬을 3명의 친구들에게 똑같이 나눠 주니까 각 친구들이 2637만큼씩 가졌어요."

다시 한 번 읽는다. "7911÷3=2637. "

⑪ 유아에게 작업지를 주고 문제와 답을 적고 읽어보게 한다.

⑫ 교구를 교구장에 정리한다.

〈제시 3〉 나머지 소개

① 3697을 〈제시 2〉와 같은 방법으로 1000의 자리부터 10의 자리까지 나눈다.

② 유아에게 1의 구슬이 없어질 때까지 나누어 주도록 한다.

"1의 구슬이 한 개가 남았네. 그런데 1개는 나눠 줄 수가 없잖아. 그럼, 그대로 남겨두도록 하자."

③ 교사가 나누어진 수를 유아와 함께 확인한다.

"3697만큼의 수를 가져와서 3명의 친구들에게 똑같이 나눠 주니까 모두 1232만큼씩 갖고 1개가 남았습니다."

다시 읽는다. "3697 나누기 3은 1232 나머지 1."

④ 유아에게 작업지를 주고 문제와 답을 적고 읽어보게 한다.

⑤ 교구를 교구장에 정리한다.

목 적

- 나눗셈의 개념 소개 : 나눗셈이란 큰 수를 작은 수(같은 수)로 똑같이 가져가는 것임을 알게 한다.
- 십진법의 이해를 강화시킨다.
- 수학적 두뇌를 발달시킨다.

흥 미 점

- 큰 수를 작은 수로 똑같이 가져가 작은 수가 되는 것을 보는 것
- ÷, =의 사용
- 작업지에 문제와 답을 쓰고 읽기

실수의 정정

- 검산(구슬 세기)
- 정정판

언 어

은행놀이, 1~1000의 구슬, 1~1000의 수카드, 작은 수카드, 큰 수카드, 나열하다, 놓다, 담다, 쌓다, 가리키다, 받아내림이 있는 나눗셈, 교환

Montessori

우표놀이-덧셈

Matlimetics

교 구

- 우표 상자, 작은 수카드 한 세트
- 문제카드(받아올림이 있는 것과 없는 것)
- 작업지, 필기 도구

대상 연령

4~5.5세

선행 학습

십진법에 익숙한 유아, 덧셈 은행 놀이를 경험한 유아

제시 방법

〈제시 1〉 기본 제시

❶ 유아를 초대하여 교구명과 위치를 알려준다.

❷ 금색 구슬 소개 쟁반과 우표놀이 상자를 매트 위에 올려놓는다.

❸ 상자의 뚜껑을 열어 각각의 우표와 구슬을 연합시킨다.
"1의 구슬을 한 번 놓아보자. 선생님이 일의 우표를 보여줄게."

❹ 10, 100, 1000도 같은 방법으로 나열하고 3단계 학습을 한다.

❺ 1의 우표를 읽으며 1에서 10까지 수직으로 내려놓는다.

❻ 1이 열 개가 되면 십의 우표를 한 개 꺼내놓고 1의 우표 열 개를 집어넣

는다. (일의 우표 10개와 십의 우표 1개를 바꾸어 준다.)

7. 수카드를 가지고 와서 임의의 숫자를 만들어 우표를 놓아보게 한다.
"2347이라는 수를 우표로 1의 자리부터 차례대로 놓아보도록 하자."
8. 우표 나열 후에는 수카드와 우표를 정리한다.

〈제시 2〉 받아올림이 없는 덧셈

1. 우표놀이 상자를 매트 위에 올려놓는다.
2. 우표놀이 덧셈을 소개한다.
3. 우표놀이 덧셈 문제지와 작업지를 가지고 와서 문제를 보고 읽고 작업지에 적는다. '3254+4323='
4. 문제지에 있는 숫자 3254에 해당하는 우표를 1의 자리부터 차례로 놓는다.
5. 3254를 놓고나면 연필로 중간 표시를 해준 다음 4323을 놓는다.
6. 밑의 우표를 위로 올려 합친 다음 셀 때는 조금의 공간을 두면서 센다.
7. 1의 우표부터 세어 작업지에 답을 적는다. 10, 100, 1000의 우표도 차례대로 세어 답을 적는다.
8. 답을 적고 난 다음 문제와 답을 읽어본다.
"3254 더하기 4323는 7577."
9. 상자에 우표를 담고 교구를 교구장에 정리한다.
10. 매트를 말아 제자리에 정리한다.

〈제시 3〉 받아올림이 있는 덧셈

1. 우표놀이 상자를 매트 위에 올려놓는다.
2. 받아올림이 있는 덧셈 문제지와 작업지를 가지고 와서 문제를 보고 읽고

작업지에 적는다. '2356+3328='

3. 문제지에 있는 숫자 2356에 해당하는 우표를 1의 자리부터 차례로 놓는다.
4. 2356를 놓고나서 연필로 중간 표시를 해준 다음 3328를 놓아본다.
5. 두 수를 합한다. 1의 우표부터 세어보고 열 개가 되면 1의 우표 열 개와 10의 우표 한 개를 바꾼다.
6. 1의 우표부터 세어보고 답을 적어 나가며 10, 100, 1000의 우표도 같은 방법으로 진행한다.
7. 정답을 적고난 다음 문제와 답을 읽어본다.
8. 상자에 우표를 담고 교구를 교구장에 정리한다.
9. 매트를 말아 제자리에 정리한다.

목 적

- 보다 추상적인 덧셈의 방법을 익힌다.
- 자릿수와 자릿값에 대한 개념을 강화시킨다.
- 집중력, 정확성과 자신감을 기른다.

흥 미 점

- 우표와 수카드를 늘어놓는 것
- 우표의 양을 세는 것
- + 부호와 = 등호를 사용하는 것
- 우표가 10개 모이면 윗자리 우표 하나와 바꿔오는 것
- 덧셈의 답이 완성되는 것을 보는 것
- 우표와 그 색깔을 보는 것

실수의 정정

- 교사의 확인
- 유아의 수에 대한 지식
- 정정판

- 수카드로 답을 만드는 데 익숙한 유아에게는 종이나 노트에 문제를 써주고 답을 계산하도록 한다.
- 문제카드를 미리 만들어 놓는다.

Montessori

우표놀이-곱셈

Mathmetics

교　　구

우표 상자, 문제지, 작업지, 필기 도구

대상 연령

5세 이상

선행 학습

은행 놀이 덧셈, 우표 놀이 덧셈, 은행 놀이 곱셈

제시 방법

〈제시 1〉 받아올림이 없는 곱셈

1. 유아를 초대하여 교구명과 위치를 알려준다.
2. 우표놀이 상자를 매트 위에 올려놓는다.
3. 우표놀이 기본 곱셈 문제지와 작업지를 가지고 와서 문제를 보고 읽고 작업지에 적는다. '3213×3='

④ 문제지에 있는 숫자 3213에 해당하는 우표를 1의 자리부터 차례로 놓는다.
"3213×3은 3213을 세 번 더하라는 거야."
⑤ 3213를 놓고 연필로 중간 표시를 해준 다음 3213의 수를 두 번 더 놓는다.
⑥ 3213의 수를 세 번 놓은 것을 합쳐본 다음 수를 1의 자리부터 세어보고 작업지에 답을 적어 넣는다.
⑦ 정답을 적고 난 다음 문제와 답을 읽어본다.
⑧ 상자에 우표를 담고 교구를 교구장에 정리한다.
⑨ 매트를 말아 제자리에 정리한다.

〈제시 2〉 받아올림이 있는 곱셈

① 우표놀이 상자를 매트 위에 올려놓는다.
② 우표놀이 받아올림이 있는 곱셈 문제지와 작업지를 가지고 와서 문제를 보고 읽고 작업지에 적는다. '2456×3='
③ 문제지에 있는 숫자 2456에 해당하는 우표를 1의 자리부터 차례로 놓는다.
④ 2456을 놓고 연필로 중간 표시를 해준 다음 2456의 수를 두 번 더 놓는다.
⑤ 2456의 수를 세 번 놓은 것을 합쳐본 다음 수를 일의 자리부터 세어보고 작업지에 답을 적어 넣는다. 1의 우표가 열 개가 되면 10의 우표 하나와 교환한다. 이때 바꿔온 우표는 원래 나열되어 있는 우표와 조금 떨어뜨려 놓는다.

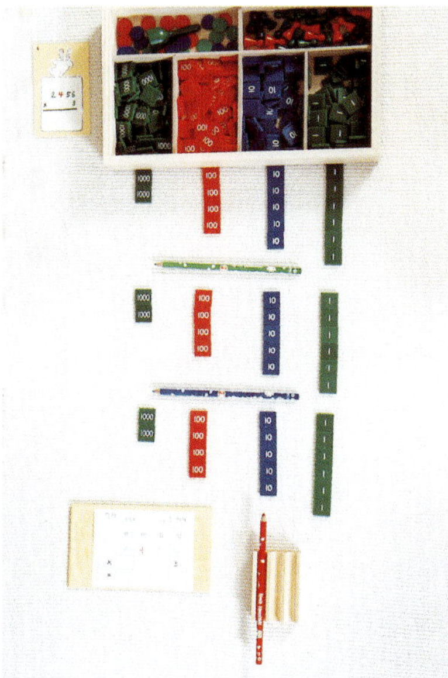

⑥ 10, 100, 1000의 우표도 같은 방법으로 세어본다.

⑦ 답을 다 내었으면 작업지에 문제와 답을 적고 읽어본다.

⑧ 상자에 우표를 담고 교구를 교구장에 정리한다.

⑨ 매트를 말아 제자리에 정리한다.

목 적

- 곱셈의 원리에 대한 이해를 돕는다.
- 자릿수와 자릿값에 대한 이해를 기른다.
- 보다 추상적인 수준에서의 곱셈을 익힌다.
- 집중력, 자신감, 정확성을 기른다.

흥 미 점

- 우표와 수카드를 나열하는 것
- 같은 수를 더하는 횟수가 곱하는 수임을 아는 것
- 곱셈 부호를 사용하는 것

실수의 정정

- 교사의 확인
- 유아 자신에 대한 수의 능력
- 우표의 색과 그 위에 쓰인 숫자
- 정정판

받아올림이 있는 곱셈은 한 자릿수의 우표가 10이 되면 윗자리 수와 교환해 가면서 답을 구한다.

Montessori

우표놀이-뺄셈

Mathmetics

교 구

- 우표 상자
- 문제지
- 작업지, 필기 도구

대상 연령

4.5~5.5세

선행 학습

은행 놀이 뺄셈, 우표 놀이 덧셈

제시 방법

〈제시 1〉 기본 제시

❶ 유아를 초대하여 교구명과 위치를 알려준다.

❷ 우표놀이 상자를 매트 위에 올려놓는다. 뺄셈은 가져가기 놀이라고 설명한다.

❸ 우표놀이 기본 뺄셈 문제지와 작업지를 가지고 와서 문제를 보고 읽고 작업지에 적는다.
"5768－3525＝"

❹ 문제지에 있는 숫자 5768에 해당하는 우표를 1의 자리부터 차례로 놓는다.

❺ 5768에서 1의 자리에서 5만큼 10의 자리에서 20만큼, 100의 자리에서 500만큼 1000의 자리는 3000만큼 가져간다. (우표를 가져갈 때는 확실하게 옮겨갔음을 확인한다.)

❻ 빼고 남은 수를 세어보고 작업지에 답을 적어 넣는다.
"2243."

❼ 답을 적고난 다음 문제와 답을 적고 읽는다.

❽ 상자에 우표를 담고 교구를 교구장에 정리한다.

❾ 매트를 말아 제자리에 정리한다.

〈제시 2〉 받아내림이 있는 뺄셈

❶ 우표놀이 상자를 매트 위에 올려놓는다.

❷ 우표놀이 받아내림이 있는 뺄셈 문제지와 작업지를 가지고 와서 문제를 보고 읽고 적는다.
"5244－3127＝."

❸ 문제지에 있는 숫자 5244에 해당하는 우표를 1의 자리부터 차례로 놓는다.

❹ 5244에서 1의 자리에서 7만큼을 가져가야 하는데 4 밖에 없으므로 10의 우표 1개와 1의 우표 열 개와 바꿔와서 7을 뺀다.

❺ 10, 100, 1000의 단위의 순서대로 뺄셈을 해보고 답을 확인해 본다. 가져가고 남은 수를 세어 작업지에 답을 적는다.

❻ 답을 적고난 다음 수를 읽어본다.
"5244－3127＝2117."

❼ 상자에 우표를 담고 교구를 교구장에 정리한다.

❽ 매트를 말아 제자리에 정리한다.

목　　적

- 뺄셈의 연습 : 보다 추상적인 단계의 뺄셈으로 전이하는 과정을 보여준다.
- 자릿수에 대한 개념을 강화시킨다.
- 자신감, 집중력, 정확성을 기른다.

흥 미 점

- 카드에 해당하는 우표를 나열하는 것
- 우표의 양을 세는 것
- 뺄셈 부호를 사용하는 것
- 우표를 바꿔오는 것

실수의 정정

- 교사의 확인
- 검산
- 정정판

- 문제지는 세로로 식을 만든 것과 가로식을 모두 준비해도 좋다.

㊕
```
  3263
- 1142
```
3263 − 1142 =

Montessori

우표놀이-나눗셈

Mathmetics

교 구

우표 상자, 문제지, 작업지, 필기 도구

대상 연령

4~5.5세

선행 학습

- 십진법에 익숙한 유아, 은행 놀이 나눗셈을 경험한 유아
- 우표 놀이 덧셈, 우표 놀이 곱셈, 우표 놀이 뺄셈

제시 방법

〈제시 1〉 받아내림 없는 나눗셈

❶ 유아를 초대하여 교구명과 위치를 알려준다.

❷ 우표놀이 상자를 매트 위에 올려놓는다.

❸ 우표놀이 나눗셈 문제지와 작업지를 가지고 와서 문제를 보고 읽고 적는다. "6369÷3=."

나누기는 똑같이 나누어 주는 것이며 큰 수부터 나누어 주는 것이라고 말해 준다.

❹ 문제지에 있는 숫자 6369에 해당하는 우표를 1의 자리부터 차례로 놓는다.

❺ 6369의 우표를 놓고 오뚝이를 우표 상자 오른쪽에 3개 놓은 다음 1000의 우표부터 나누어 주고 남은 1000의 우표도 나누어 준다. 다 나누어 주면 100의 우표, 10의 우표, 1의 우표도 다 나누어 줄 때까지 반복한다.

나눗셈의 답은 한 오뚝이가 얼만큼 몫을 가졌는지 그 수라고 말해 준다.

❻ 나누어진 수를 세어보고 작업지에 답을 적어 넣는다.

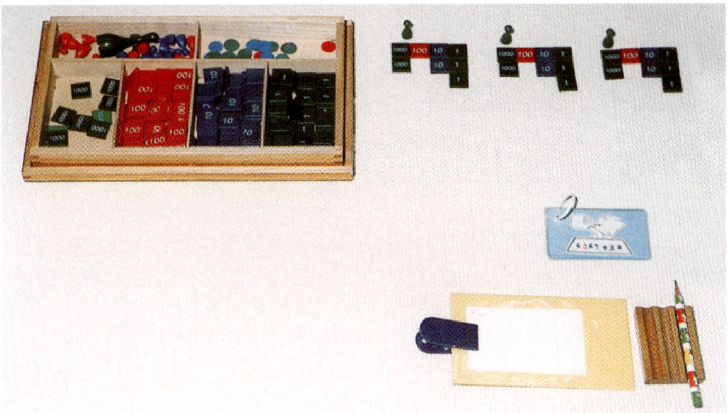

⑦ 문제와 답을 적고 난 다음 읽어본다.
"6369÷3=2123."

⑧ 상자에 우표를 담고 교구를 교구장에 정리한다.

⑨ 매트를 말아 제자리에 정리한다.

〈제시 2〉 받아내림이 있는 나눗셈

① 우표놀이 상자를 매트 위에 올려놓는다.

② 받아내림이 있는 나눗셈 문제지와 작업지를 가지고 와서 문제를 보고 읽고 작업지에 적는다.
"9756÷4=."

③ 문제지에 있는 숫자 9756에 해당하는 우표를 1의 자리부터 차례로 놓는다.

④ 9756의 우표를 놓고 오뚝이를 우표 상자 옆에 4개 놓은 다음 1000의 우표부터 나누어 준다.

⑤ 남은 1000의 우표 한 개를 100의 우표 열 개와 교환한다.

⑥ 100의 우표를 다 나누어 주고 남은 100의 우표 한 개를 10의 우표 열 개와 교환한다.

⑦ 10의 우표, 1의 우표도 같은 방법으로 진행한다.

⑧ 나누어진 수를 세어보고 작업지에 답을 적어 넣는다.

⑨ 답을 적고난 다음 문제와 답을 읽어본다.
"9756÷4=2439."

⑩ 상자에 우표를 담고 교구를 교구장에 정리한다.

⑪ 매트를 말아 제자리에 정리한다.

목 적

- 보다 추상적인 나눗셈의 방법을 익힌다.
- 자릿수와 자릿값에 대한 개념을 강화시킨다.
- 집중력, 정확성과 자신감을 기른다.

흥 미 점

- 우표와 수카드를 늘어놓는 것
- 우표의 양을 세는 것
- ÷ 부호와 = 등호를 사용하는 것
- 우표가 10개 모이면 윗자리 우표 하나와 바꿔오는 것
- 나눗셈의 답이 완성되는 것을 보는 것
- 우표와 그 색깔을 보는 것
- 나눗셈의 의미를 아는 것

실수의 정정

- 교사의 확인
- 유아의 수에 대한 지식
- 정정판

- 수카드로 답을 만드는 데 익숙한 유아에게는 종이나 노트에 문제를 써주고 답을 계산하도록 한다.
- 문제카드를 미리 만들어 놓는다.

Montessori

점놀이-덧셈

Mathmetics

교　구

- 점 놀이판(14.5×10.5cm) 혹은 작업지
- 수성 사인펜(초록, 빨간, 파란, 검정색) 혹은 색연필
- 스펀지(수성펜을 지울 수 있는 것) 혹은 지우개

대상 연령

5.5~6세 이상

선행 학습

은행놀이, 우표놀이

제시 방법

〈제시 1〉 받아올림이 없는 덧셈-수평식

❶ 유아를 초대하여 교구명과 위치를 소개한다.

❷ 문제를 문제지에 적는다. (㉮ 1127+1431)

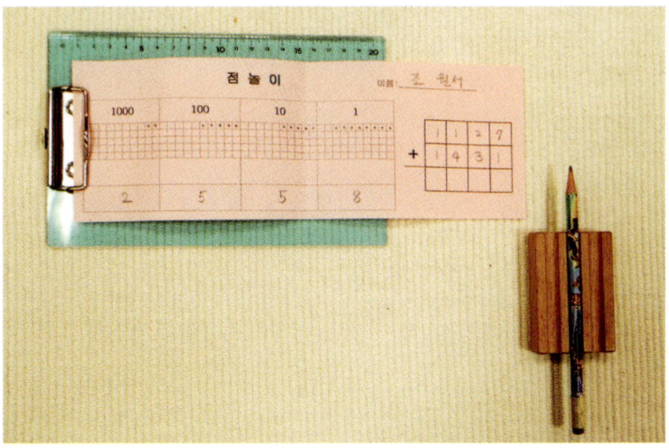

❸ 점 찍기 작업지에 1의 자리 순서부터 점을 찍어 나간다.
1의 자리에 일곱 칸에 점을 찍는다.
10의 자리에 두 칸에 점을 찍는다. 100의 자리에 한 칸에 점을 찍는다.

1000의 자리에 한 칸에 점을 찍는다.

4 아래의 수(1431)도 같은 방법으로 1의 자리부터 점을 찍는다.

5 1의 자리부터 더한 수가 얼마나 되는지 세어본 다음 밑에 칸에 숫자를 적어 넣는다. (8)

6 십의 자리, 백의 자리, 천의 자리도 같은 방법으로 숫자를 세어 적는다.

7 답 칸의 답을 확인해 보고 유아에게 기회를 준다.

8 답을 확인해 보고나서 정리한다.

〈제시 2〉 받아올림이 있는 덧셈 – 수평식

1 유아를 초대하여 교구명과 위치를 소개한다.

2 문제를 문제지에 적는다. (예 2352+3256+1789)

3 점 찍기 작업지에 일의 자리 순서부터 점을 찍어나간다.

4 아래의 수도 같은 방법으로 찍는다.

5 1의 자리부터 더한 수가 얼마나 되는지 세어본 다음, 밑의 칸에 숫자를 적어 넣는다. 1의 자리가 열 개가 되면 일의 자리에 한 줄 긋고 십의 자리 한 칸에 색칠을 해준다.

6 십의 자리, 백의 자리, 천의 자리도 같은 방법으로 숫자를 세어 적는다.

7 답 칸의 답을 확인해 보고 유아에게 기회를 준다.

8 답을 확인해 보고나서 교구를 정리한다.

〈제시 3〉 받아올림이 있는 덧셈 - 수직식

❶ 문제를 작업지에 적는다. (예 2352+3256+1789)

❷ 1의 자리의 수(2와 6과 9)부터 점을 찍는다.

❸ 1의 자리가 열 개가 되면 일의 자리에 한 줄을 긋고 10의 자리 한 칸에 색칠을 한다. 1의 자릿수를 세어 답을 적는다.

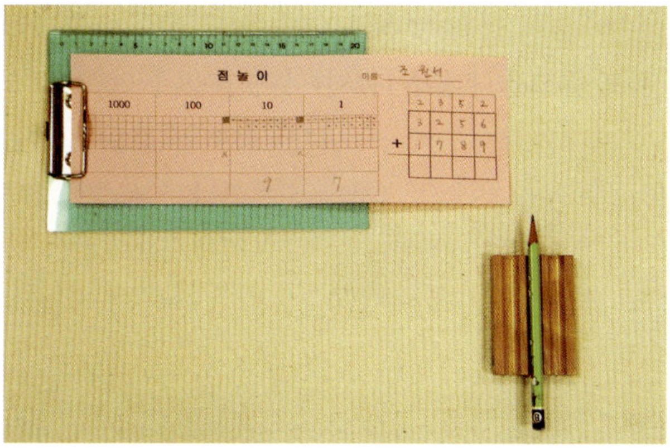

❹ 10의 자릿수는 1의 자리 올림수를 색칠했던 그 다음 칸부터 점을 찍는다(50, 50, 80).

❺ 10의 자리가 열 개가 되면 10의 자리 한 줄을 긋고 100의 자리 한 칸에 색칠을 한다. 남은 10의 자릿수를 세어 답을 적는다.

❻ 100의 자릿수는 10의 자리 올림수를 색칠했던 다음 칸부터 점을 찍는다(300, 200, 700).

❼ 같은 방법으로 답을 낸다.

목 적

- 추상적인 덧셈의 연습을 한다.
- 수학적 두뇌의 발달을 돕는다.
- 집중력, 정확성, 자신감을 기른다.

흥 미 점

- 색깔별로 점을 찍기
- 점의 개수를 세는 것
- 10개의 점들을 차례로 지워 나가는 것

- 각 자리의 점 10개마다 위로 올려주는 표시를 하는 것
- 큰 수의 덧셈의 답을 구하고난 뒤의 성취감

실수의 정정

- 교사의 확인
- 유아의 수에 대한 지식
- 정정판

응 용

복잡한 수의 계산 : 복잡한 수의 계산에서는 문제가 너무 복잡하므로 점을 찍고난 뒤 그 수는 계산이 다 되었음을 표시하기 위해 사선으로 그어 지워버린다.

변 형

작은 노트에 문제 쓰고 답 쓰기

- 처음에는 간단한 덧셈부터 소개한 후 차츰 복잡한 덧셈으로 나아간다.
- 작은 노트에 문제를 적고 풀어본다.
- 계산법은 수평 계산법과 수직 계산법이 있는데 유아가 쉬워하는 방법으로 점 찍기를 하게 한다.

Montessori

점놀이-곱셈

Mathmetics

교 구

점 놀이판, 수성 사인펜(초록, 빨간, 파란, 검정색), 스펀지

대상 연령

5.5~6세 이상

선행 학습

은행 놀이 곱셈, 우표 놀이 곱셈, 연속수 세기

제시 방법

〈제시 1〉 받아올림이 없는 곱셈-수평식

1. 교구명과 위치를 소개한다.
2. 문제를 읽고 문제지에 적는다. (㉮ 1132×3)
3. 점 찍기 작업지에 일의 자리 순서부터 점을 찍어나간다.
4. 1132를 3번 반복해서 찍어보게 한다.
5. 1의 자리부터 찍은 수가 얼마나 되는지 세어본 다음 밑에 칸에 숫자를 적어 넣는다.
6. 10의 자리, 100의 자리, 1000의 자리도 같은 방법으로 숫자를 세어 적는다.
7. 답 칸의 답을 확인해 보고 유아에게 기회를 준다.
8. 답을 확인해 보고 나서 정리한다.

〈제시 2〉 받아올림이 있는 곱셈-수직식

1. 교구를 소개한다.
2. 문제를 읽고 문제지에 적는다. (㉮ 2356×3)

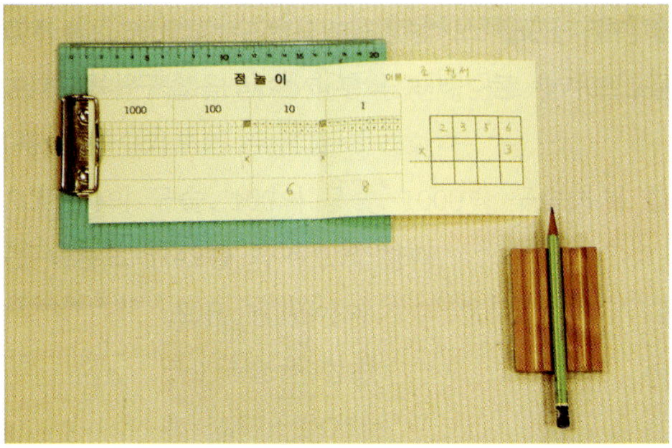

❸ 점 찍기 작업지에 1의 자리 순서부터 점을 찍어나간다.

❹ 1의 자리부터 찍은 수가 얼마나 되는지 세어본 다음 밑에 칸에 숫자를 적어 넣는다. 1의 자리가 열 개가 되면 일의 자리에 한 줄 긋고 십의 자리 한 칸에 색칠을 해준다.

❺ 10의 자리, 100의 자리, 1000의 자리도 같은 방법으로 숫자를 세어 적는다.

❻ 답 칸의 답을 확인해 보고 유아에게 기회를 준다.

❼ 답을 확인해 보고나서 교구를 정리한다.

목 적

- 곱셈의 연습을 한다.
- 수학적 두뇌의 발달을 돕는다.
- 집중력, 정확성, 자신감을 기른다.

흥 미 점

- 색깔별로 점을 찍기
- 점의 개수를 세는 것
- 10개의 점들을 차례로 지워나가는 것
- 각 자리의 점 10개마다 위로 올려주는 표시를 하는 것
- 큰 수의 곱셈의 답을 구하고 난 뒤의 성취감

실수의 정정

- 교사의 확인
- 유아의 수에 대한 지식
- 정정판

응 용

복잡한 수의 계산 : 복잡한 수의 계산에서는 점을 찍고난 뒤 그 수는 계산이 다 되었음을 표시하기 위해 사선으로 그어 지워버린다.

변 형

작은 노트에 문제 쓰고 답 쓰기

- 처음에는 간단한 곱셈부터 소개한 후 차츰 복잡한 곱셈으로 나아간다.
- 작은 노트에 문제를 적고 풀어본다.
- 계산법은 수평 계산법과 수직 계산법이 있는데 유아가 쉬워하는 방법으로 점 찍기를 하게 한다.

Montessori

점놀이-뺄셈

Mathmetics

교 구

점 놀이판, 색연필(초록, 빨간, 파란, 검정색)

대상 연령

5.5~6세 이상

선행 학습

연속수 세기, 은행 놀이 뺄셈, 우표 놀이 뺄셈

제시 방법

〈제시 1〉 받아내림이 없는 뺄셈

❶ 유아를 초대하여 교구명과 위치를 소개한다.

❷ 문제를 읽고 문제지에 적는다. (예 6754－3432)

❸ 점 놀이 작업지에 1의 자리 순서부터 점을 찍어 나간다.

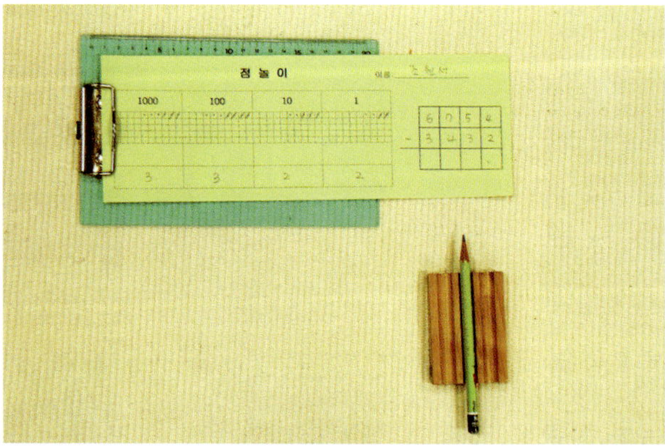

❹ 6754에서 3432만큼을 1의 자리부터 사선을 긋는다. 사선을 긋고 남은 수를 확인하여 답 칸에 적어 넣는다.

❺ 10의 자리, 100의 자리, 1000의 자리도 같은 방법으로 숫자를 세어 적는다.

⑥ 답 칸의 답을 확인해 보고 유아에게 기회를 준다.

⑦ 답을 확인해 보고나서 정리한다.

〈제시 2〉 받아내림이 있는 뺄셈

❶ 유아를 초대하여 교구명과 위치를 소개한다.

❷ 문제를 읽고 문제지에 적는다. (예 6523－3896)

❸ 점놀이 작업지에 1의 자리 순서부터 점을 찍어나간다.

❹ 6523에서 3896만큼을 사선을 긋는다.

❺ 10의 자리에서 하나 빌려와서 1의 자리 열 개로 바꾼다.

❻ 10의 자리, 100의 자리, 1000의 자리도 같은 방법으로 숫자를 세어 적는다.

❼ 답 칸의 답을 확인해 보고 유아에게 기회를 준다.

❽ 답을 확인해 보고나서 정리한다.

목 적

- 뺄셈의 연습을 한다.
- 수학적 두뇌의 발달을 돕는다.
- 집중력, 정확성, 자신감을 기른다.

흥 미 점

- 색깔별로 점을 찍기
- 점의 개수를 세는 것
- 10개의 점들을 차례로 지워나가는 것
- 큰 자리의 점에서 아래로 내려주는 표시를 하는 것
- 받아내림이 있는 뺄셈의 답을 구하고 난 뒤의 성취감

실수의 정정

- 교사의 확인
- 유아의 수에 대한 지식

응 용

복잡한 수의 계산 : 복잡한 수의 계산에서는 점을 찍고 난 뒤 그 수는 계산이 다 되었음을 표시하기 위해 사선으로 그어 지워버린다.

변 형

작은 노트에 문제 쓰고 답 쓰기

- 처음에는 간단한 뺄셈부터 소개한 후 차츰 복잡한 뺄셈으로 나아간다.
- 작은 노트에 문제를 적고 풀어본다.
- 계산법은 수평 계산법과 수직 계산법이 있는데 유아가 쉬워하는 방법으로 점 찍기를 하게 한다.

Montessori

작은 구슬틀-덧셈

Mathmetics

교 구

작은 구슬틀, 기수 용지, 연필, 색연필(빨간, 파란, 초록색)

대상 연령

5~6세

선행 학습

은행 놀이 덧셈, 우표 놀이 덧셈, 점 놀이 덧셈

제시 방법

〈제시 1〉 작은 구슬틀 소개

❶ 유아를 초대하여 교구명과 위치를 소개하고 책상으로 가져온다.

❷ 작은 구슬틀의 구슬과 1, 10, 100, 1000의 구슬을 연합시키면서 소개한다.
구슬틀의 1의 구슬을 오른쪽으로 옮기며 "이것은 1이야. 이것은 1의 구슬을 나타내." 1의 구슬을 놓는다.
구슬틀의 10의 구슬을 오른쪽으로 옮기며 "이것은 10이야. 이것은 10의 구슬을 나타내." 10의 구슬을 놓는다.

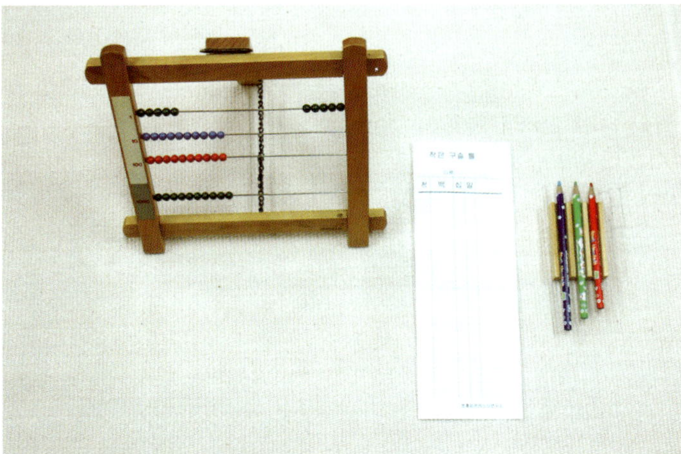

구슬틀의 100의 구슬을 오른쪽으로 옮기며 "이건 100이야. 이것은 100의 구슬을 나타내." 100의 구슬을 놓는다.

구슬틀의 1000의 구슬을 오른쪽으로 옮기며 "이건 1000이야. 이것은 1000의 구슬을 나타내." 1000의 구슬을 놓는다.

③ 구슬들을 제자리에 정리하고 일의 단위부터 구슬을 옮기면서 기수 용지를 사용하여 숫자를 써보게 한다.

④ 1의 구슬을 옮기면서 기수 용지에 1이라고 쓴다.
2의 구슬을 옮기면서 기수 용지에 2라고 쓴다.
9까지 쓰고 "1의 자리에는 10이 올 수가 없지? 10이 되면 이렇게 10의 자리 구슬 1개와 바꾸는 거야."

⑤ 9에서 10이 될 때 1의 구슬 열 개와 10의 구슬 한 개는 동시에 바꾸어 주고 기수 용지에는 줄을 바꾸어 10이라고 쓴다.

⑥ 90에서 100이 될 때 10의 구슬 10개와 100의 구슬 1개는 동시에 바꾸어 주고 기수 용지에는 줄을 바꾸어 100이라고 쓴다.

⑦ 900에서 1000이 될 때 100의 구슬 열 개와 1000의 구슬 한 개는 동시에 바꾸어 주고 기수 용지에는 줄을 바꾸어 1000이라고 쓴다.

〈제시 2〉 받아올림이 없는 덧셈

① 작은 구슬틀 기본 덧셈 문제지와 작업지를 가지고 와서 문제지를 보고 문제를 작업지에 적는다. (예 1254+2323)

② 1의 자리부터 구슬을 세어 오른쪽으로 옮긴다.
(1000 단위까지 같은 방법으로 구슬을 옮긴다.)

③ 먼저 1254의 수를 구슬로 옮겨보고 2323을 더해서 옮겨본다.

④ 1의 자리부터 옮긴 구슬을 세어보고 답을 적는다.
10, 100, 1000의 자리의 구슬을 세어 답을 적는다. "3577."

⑤ 답을 확인해 보고 유아에게 읽어보게 한다.

⑥ 교구를 교구장에 정리한다.

〈제사 3〉 받아올림이 있는 덧셈

① 받아올림이 있는 덧셈 문제지와 작업지를 가지고 와서 문제지를 보고 작업지에 적는다. (예 2695+3578)

② 1의 단위부터 구슬을 왼쪽에서 오른쪽으로 옮겨본다.
(1000 단위까지 같은 방법으로 구슬을 옮긴다.)

③ 먼저 2695의 수를 구슬로 옮겨보고 3578을 더해서 옮겨본다.

④ 더해서 (5+8) 10이 넘으면, 10의 구슬 1개와 1의 구슬 10개와 맞바꾼다.
1의 구슬은 왼쪽으로 옮기고, 10의 구슬은 오른쪽으로 옮긴다.

⑤ 10 단위, 100 단위, 1000 단위까지 덧셈을 하면서 같은 방법으로 구슬을 교환해 준다.

⑥ 1의 단위부터 옮긴 구슬을 세어보고 답을 적는다.

⑦ 답을 확인해 보고 유아에게 읽어보게 한다.

8 교구를 교구장에 정리한다.

9 매트를 말아 제자리에 정리한다.

목 적

- 십진법의 자릿값에 대한 이해를 돕는다.
- 추상적 사칙 연산을 위한 준비를 한다.
- 정확성과 정밀성을 기른다.

흥 미 점

- 구슬을 세면서 왼쪽에서 오른쪽으로 옮기는 것
- 10개의 구슬과 그 윗자리 구슬 한 개와 교환하는 것
- 구슬틀의 구슬로 수를 세고 읽는 것
- 구슬틀의 수를 기수 용지에 쓰는 것
- 구슬과 자릿값을 아는 것
- 올림이 있는 덧셈을 할 때 윗자리 구슬과 교환하는 것
- 구슬틀에 덧셈의 답이 만들어지는 것을 보는 것
- 답을 적고 읽어보는 것

실수의 정정

- 교사의 확인
- 정정판

Montessori

작은 구슬틀-곱셈

Mathmetics

교 구

작은 구슬틀, 곱셈 문제지, 작업지, 연필, 색연필(빨간, 파란, 초록색)

대상 연령

5~6세

선행 학습

은행 놀이 곱셈, 우표 놀이 곱셈, 점 놀이 곱셈

제시 방법

〈제시 1〉 받아올림이 없는 곱셈

❶ 작은 구슬틀 기본 곱셈 문제지와 작업지를 가지고 와서 문제지를 보고 문제를 작업지에 적는다. (예) 2434×2)

❷ 1의 단위부터 구슬을 왼쪽에서 오른쪽으로 옮겨본다. 1000 단위까지 같은 방법으로 구슬을 옮긴다.

❸ 2434를 두 번 옮긴다.

❹ 1의 단위부터 옮긴 구슬을 세어보고 답을 적는다.

❺ 답을 확인해 보고 유아에게 읽어보게 한다.

❻ 교구를 교구장에 정리한다.

❼ 매트를 말아 제자리에 정리한다.

〈제시 2〉 받아올림이 있는 곱셈

❶ 받아올림이 있는 곱셈 문제지와 작업지를 가지고 와서 문제지를 보고 문제를 작업지에 적는다. (예 1465×3)

❷ 1의 단위부터 구슬을 왼쪽에서 오른쪽으로 옮겨본다. 1000 단위까지 같은 방법으로 구슬을 옮긴다.

❸ 1465를 세 번 옮긴다.

❹ 일 단위부터가 5가 3번 있으면, 다섯 개의 구슬을 한 번, 두 번 놓고 나서 십의 구슬 1개와 일의 구슬 열 개를 맞바꾼다. 일구슬 다섯 개를 한 번 더 놓는다.

❺ 십 단위, 백 단위, 천 단위까지 곱셈을 하면서 같은 방법으로 구슬을 교환해 준다.

❻ 일의 단위부터 옮긴 구슬을 세어보고 답을 적는다.

❼ 답을 확인해 보고 유아에게 읽어보게 한다.

❽ 교구를 교구장에 정리한다.

❾ 매트를 말아 제자리에 정리한다.

목　적

- 수 세는 법과 기수법의 발달을 돕는다.
- 십진법의 자릿값에 대한 이해를 돕는다.
- 추상적 개념의 사칙 연산을 위한 준비를 한다.
- 정확성과 정밀성을 기른다.

흥 미 점

- 구슬을 세면서 왼쪽에서 오른쪽으로 옮기는 것
- 10개의 구슬과 그 윗자리 구슬 한 개와 교환하는 것
- 구슬틀의 구슬로 수를 세고 읽는 것

- 구슬틀의 수를 기수 용지에 쓰는 것
- 구슬과 자릿값을 아는 것
- 올림이 있는 곱셈을 할 때 윗자리 구슬과 교환하는 것
- 구슬틀에 곱셈의 답이 만들어지는 것을 보는 것
- 답을 적고 읽어보는 것

실수의 정정

교사의 확인

Montessori

작은 구슬틀-뺄셈

Mathmetics

교　구

- 작은 구슬틀, 뺄셈 문제지, 작업지, 연필
- 자릿수에 해당하는 색연필

대상 연령

5～6세

선행 학습

은행 놀이 뺄셈, 우표 놀이 뺄셈, 점 놀이 뺄셈, 작은 구슬틀 덧셈

제시 방법

〈제시 1〉 받아내림이 없는 뺄셈

❶ 작은 구슬틀 기본 뺄셈 문제지와 작업지를 가지고 와서 문제지를 보고 문제를 작업지에 적는다. (예 6754－3432)

❷ 1의 단위부터 구슬을 왼쪽에서 오른쪽으로 옮겨본다.
1000 단위까지 같은 방법으로 구슬을 옮긴다.

❸ 6754를 구슬틀에서 구슬을 모두 옮긴 다음 3432를 뺀다.

❹ 구슬을 다 옮기고 나면 오른쪽에 남아 있는 구슬을 세어본다.

❺ 답을 확인해 보고 유아에게 읽어보게 한다.
❻ 교구를 교구장에 정리한다.
❼ 매트를 말아 제자리에 정리한다.

〈제시 2〉 받아내림이 있는 뺄셈

❶ 작은 구슬틀 받아내림이 있는 뺄셈 문제지와 작업지를 가지고 와서 문제지를 보고 문제를 적는다. (예 2364－1128)
❷ 1의 단위부터 구슬을 왼쪽에서 오른쪽으로 옮겨본다.
1000 단위까지 같은 방법으로 구슬을 옮긴다.
❸ 먼저 2364를 구슬틀에서 구슬을 옮겨본 다음 1128를 뺀다.
❹ 오른쪽으로 옮겨진 구슬을 왼쪽으로 다시 옮긴다.
1000의 구슬까지 같은 방법으로 제시해 준다.
❺ 구슬을 다 옮기고 나면 오른쪽에 남아 있는 구슬을 세어본다.
❻ 답을 확인해 보고 유아에게 읽어보게 한다.
❼ 교구를 교구장에 정리한다.
❽ 매트를 말아 제자리에 정리한다.

목 적

- 뺄셈의 연습을 한다.
- 교환에 대한 이해를 강화시킨다.
- 추상적인 사칙 연산을 하기 위한 준비를 한다.
- 자신감, 집중력, 정확성을 기른다.

흥 미 점

- 구슬을 세면서 왼쪽에서 오른쪽으로 옮겨놓는 것
- 10개의 구슬과 그 윗자리 구슬 한 개와 교환하는 것
- 구슬로 수를 읽는 것
- 구슬틀의 수를 기수 용지에 적는 것
- 구슬이 모자를 때 윗자리 구슬을 빌려오는 것

실수의 정정

- 교사의 확인
- 유아의 뺄셈에 대한 능력
- 정정판

| Chapter 5 |

암산을 위한 사칙 연산

1. 덧 셈

1) 수막대
2) 작은 수막대
3) 덧셈판
4) 색 구슬
5) 뱀놀이
6) 덧셈 암산판 1, 2, 3, 4

2. 곱 셈

1) 색 구슬 곱셈
2) 곱셈판
3) 곱셈 암산판 1, 2, 3

3. 뺄 셈

1) 뺄셈판
2) 뺄셈 암산판 1, 2

4. 나눗셈

1) 나눗셈판
2) 나눗셈 암산판 1, 2

Montessori

수막대 덧셈

Mathmetics

교 구

- 수막대
- 작은 숫자카드(1~10), 덧셈 부호(+), 등호(=)
- 작업지, 필기 도구, 지우개

대상 연령

4.5~6세

선행 학습

수막대, 은행 놀이 덧셈, 우표 놀이 덧셈

제시 방법

❶ 유아를 초대하여 교구명과 위치를 소개하고 매트를 가져온다.

❷ 수막대를 매트에 순서 없이 놓고 수막대 1부터 시작하여 계단을 만들어 놓는다.

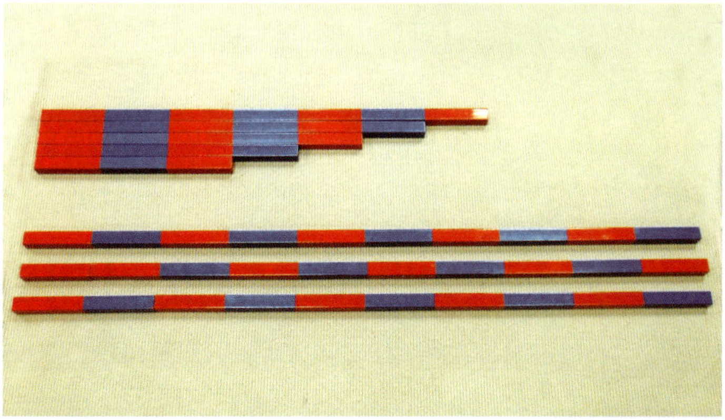

❸ 두 개의 수막대를 조합해서 10이 되게 수막대를 놓아본다.
"1의 막대에 9의 막대를 더하면 10이 됩니다. 2의 막대에 8의 막대를 더하면 10이 됩니다. 3의 막대에 7의 막대를 더하면 10이 됩니다."

❹ 다른 막대도 같은 방법으로 10의 막대가 되도록 조합해 본다.

❺ 10 만들기를 모두 끝낸 후 다시 한 번 살펴본다.

1 더하기 9는 10, 2 더하기 8은 10, 3 더하기 7은 10….

❻ 다른 수를 만들어 본다.

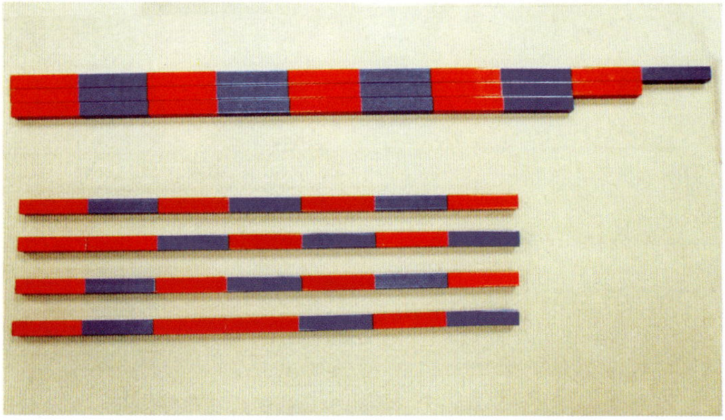

합해서 7이 되는 수를 한 번 만들어 본다.

"1의 막대에 6의 막대를 더하면 7의 막대와 같아요."

"2의 막대에 5의 막대를 더히면 7의 막대와 같아요."

"3의 막대에 4의 막대에 더하면 7의 막대와 같아요."

❼ 다시 살펴본다.

"1 더하기 6은 7."

"2 더하기 5는 7."

"3 더하기 4는 7."

작업지에 써본다.

❽ 교구를 교구장에 정리하고 매트를 말아 제자리에 정리한다.

목　적

- 덧셈 연습을 강화시킨다.
- 추상적인 덧셈 연습을 한다.
- 정확성, 집중력, 자신감을 기른다.

흥 미 점

- 수막대를 세어보는 것
- 수막대로 계단을 만들어 놓는 것
- 수막대를 조합해서 어떤 수를 만들어 내는 것

실수의 정정

- 교사에 의해
- 유아 자신의 덧셈 능력에 의해

Montessori

작은 수막대 덧셈

Mathmetics

교 구

- 작은 수막대
- 작은 숫자카드(1~10), 덧셈 부호(+), 등호(=)
- 문제카드 묶음(덧셈), 작업지, 필기 도구

대상 연령

4.5~6세

선행 학습

작은 수막대, 은행 놀이 덧셈, 우표 놀이 덧셈

제시 방법

❶ 유아를 초대하여 교구명과 위치를 소개하고 매트를 가져온다.

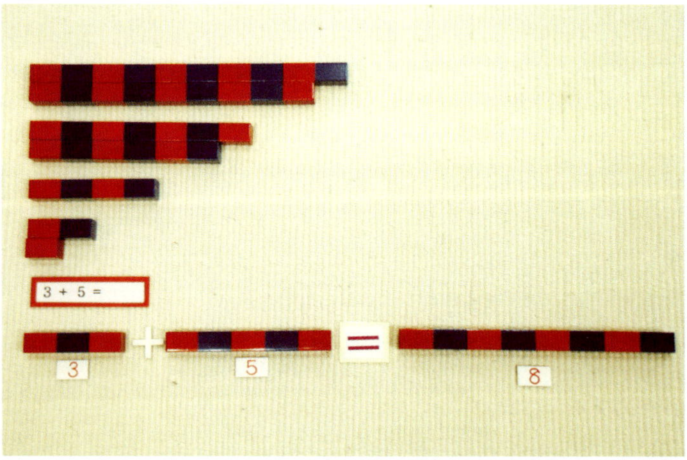

❷ 교구를 가져와서 매트의 왼쪽 하단에 놓는다.

❸ 매트에 작은 수막대 계단을 만들어 놓는다.

❹ 숫자 카드를 매트에 펼쳐 놓는다.

❺ 문제지를 보고 읽은 후 작업지에 문제를 적는다.

㉠ 3+5=

⑥ 작은 수막대 3을 놓고 숫자카드 3을 놓는다.
덧셈 부호 '+'를 놓고 작은 수막대 5와 숫자카드 5를 놓고 등호인 같다 '='를 놓는다.

⑦ "얼마가 되는지 한 번 세어 보자. 1, 2, 3, … 8이 되는구나."

⑧ 작업지에 정답을 쓴 다음 문제지 뒤에 정답과 확인한다.

⑨ 작은 수막대와 수카드를 제자리에 놓은 다음 다른 문제지를 보고 덧셈을 해 본다.

⑩ 교구를 교구장에 정리한다.

⑪ 매트를 말아 제자리에 정리한다.

목　적

- 암산을 위한 덧셈을 연습한다.
- 덧셈의 개념을 강화시킨다.
- 기초 덧셈 과정을 구체적인 단계로 이해시킨다.
- 정확성, 집중력, 자신감을 기른다.

흥 미 점

- 작은 수막대를 세어보는 것
- 문제지를 이용해 보는 것
- 작은 수막대와 숫자카드를 이용해 보는 것
- 등호를 이용해 보는 것
- 스스로 답을 정정해 보는 것

실수의 정정

- 정정판에 의해
- 유아의 수학적 지식에 의해
- 작은 수막대와 숫자카드의 수가 맞지 않았을 때
- 교사에 의해

Montessori Mathmetics

덧셈판-막대

교 구

- 덧셈판
- 작은 상자 안에 빨간색, 파란색 막대자가 1~9까지 들어 있다.
- 문제카드, 필기 도구, 지우개, 작업지

대상 연령

4.5~6세

선행 학습

십진법에 대한 여러 가지 활동들, 은행 놀이 덧셈, 우표 놀이 덧셈

제시 방법

❶ 유아를 초대하여 교구명과 위치를 소개한다.

❷ 덧셈판을 매트 가운데에 놓는다.

❸ 교구 상자의 뚜껑을 열어 파란 막대와 빨간 막대를 꺼낸다.

❹ 파란 막대를 덧셈판의 왼쪽 편으로 9막대가 제일 위로 가게 해서 계단처럼 만들어 나열한다.

❺ 빨간 막대자도 같은 방법으로 나열하는데 빨간 막대는 덧셈판의 오른쪽 편에 오게 한다.

❻ 더해서 10이 되는 수를 만들어 본다.

"우리 이 파란 막대와 빨간 막대로 10을 만들 수 있는 방법을 찾아보자."
파란 막대자 9를 놓고 빨간 막대 1을 놓고 10이 되었음을 보여준다. 이번에는 파란 막대 8과 빨간 막대 2를 놓고 10이 되었음을 보여준다. 같은 방법으로 10 만들기를 계속한다.

7과 3, 6과 4, 5와 5, 4와 6, … 10 만들기를 모두 한 후 유아와 함께 읽어보고, 작업지에 문제와 답을 적어보도록 한다.

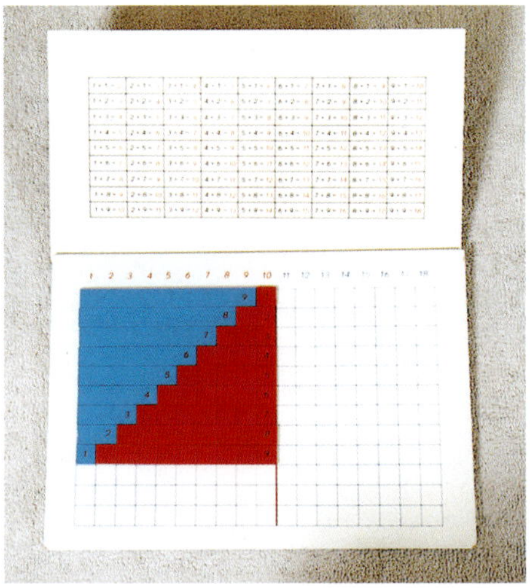

❼ 10 만들기가 끝난 후 답이 18 이하인 덧셈을 해본다.

㉄ 8 더하기 4는

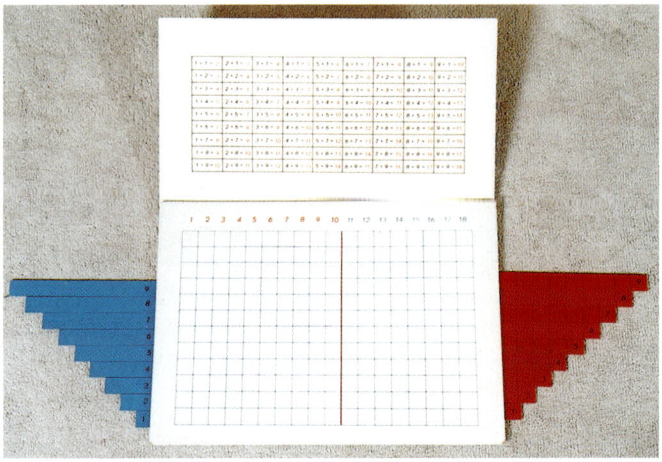

❽ 파란 막대 8과 빨간 막대 4를 놓고 센다.

"8, 9, 10, 11, 12." 문제와 답을 읽고 적는다. 빨간 막대자 위에 있는 덧셈판의 수도 12임을 확인한다.

❾ 유아가 스스로 문제를 낼 수도 있다.

⑩ 정리할 때는 파란 막대를 9~1의 순서로 집어넣고 빨간 막대는 반대로 1~9의 순서대로 파란 막대 9 옆에서부터 넣는다.

⑪ 교구를 교구장에 정리한다.

⑫ 매트를 말아 제자리에 정리한다.

목 적

- 덧셈 연습을 강화시킨다.
- 추상적인 덧셈을 연습한다.
- 기초 덧셈 과정을 구체적인 단계로 이해시킨다.
- 정확성, 집중력, 자신감을 기른다.

흥 미 점

- 파란 · 빨간 막대로 계단을 만들어 놓는 것
- 빨간 막대의 끝이 가리키는 수가 답이 되는 것을 보는 것
- 문제 상자에서 문제를 고르는 것
- 작은 노트에 문제와 답을 쓰는 것

실수의 정정

- 교사
- 유아 자신의 덧셈 능력
- 빨간 막대에 그어진 칸
- 덧셈판의 숫자

Montessori

색 구슬 덧셈

Mathmetics

교　　구

1~10의 색 구슬이 여러 개 들어 있는 상자, 매트, 카운터, 덧셈 문제 카드, 지우개, 연필, 작업지

대상 연령

5~6세

선행 학습

은행 놀이 덧셈, 우표 놀이 덧셈, 작은 수막대 덧셈

제시 방법

❶ 교구를 소개하고 매트를 가져온다.

❷ 색 구슬(1~10)을 역삼각형(▽) 모양으로 계단을 만든다.

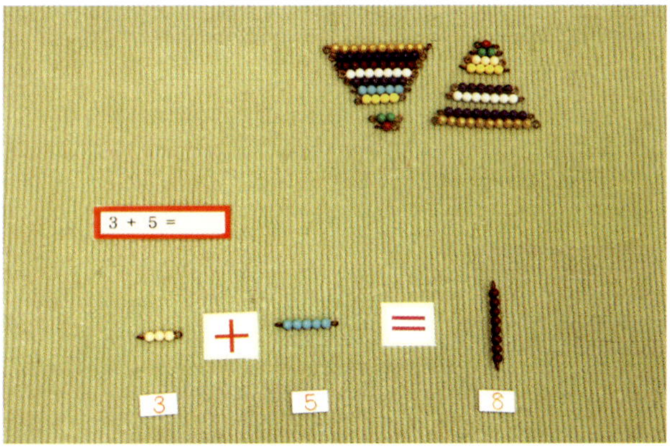

❸ 문제카드를 보고 색 구슬을 놓아본다.

"3+5."

3의 구슬과 5의 구슬을 찾아서 놓아본다.

❹ 3의 구슬과 5의 구슬을 합한 후에 카운터로 세어본다.

"1, 2 … 8! 8이 되는구나."

❺ 합한 답의 구슬인 8의 구슬을 찾아와서 옆에 놓는다.
3와 5의 구슬과 8의 구슬을 비교해 본다.

❻ 문제와 정답을 손가락으로 가리키며 읽어본다.
"3 더하기 5는 8이 됩니다."

❼ 다른 문제도 같은 방법으로 해본다.

❽ 교구를 교구장에 정리한다.

❾ 매트를 말아 제자리에 정리한다.

목 적

- 덧셈의 연습을 강화시킨다.
- 색 구슬을 이용한 덧셈을 해본다.
- 등식을 써볼 수 있다.
- 집중력, 자신감, 정확성을 기른다.

흥 미 점

- 구슬을 세는 것
- 덧셈 문제의 답을 구하는 것
- 구슬을 수직과 수평으로 늘어놓는 것

실수의 정정

- 교사
- 구슬 세기
- 정정판에 의해

Montessori

뱀 놀 이

Mathmetics

교　　구

- 색 구슬 2세트, 금색 구슬(10구슬), 흑백 구슬, 작업지, 카운터
- 책상 매트, 연필과 지우개

대상 연령

5~6세 이상

선행 학습

색 구슬 덧셈, 여러 가지 덧셈 활동들

제시 방법

〈제시 1〉

❶ 교구를 매트 위에 가져온다.

❷ 색 구슬(1~10)을 ▽, △ 모양으로 계단을 만든다.

❸ 10의 구슬을 정리해 놓는다.

❹ 색 구슬을 1, 9, 2, 8, 3, 7 … 9, 1의 순서로 놓으면서 뱀 모양처럼 보이도록 늘어놓는다.

⑤ 카운터로 색 구슬을 센다. 세면서 10이 되면 십의 구슬과 교환해 주고 세고난 색 구슬은 매트 아래 내려놓는다.

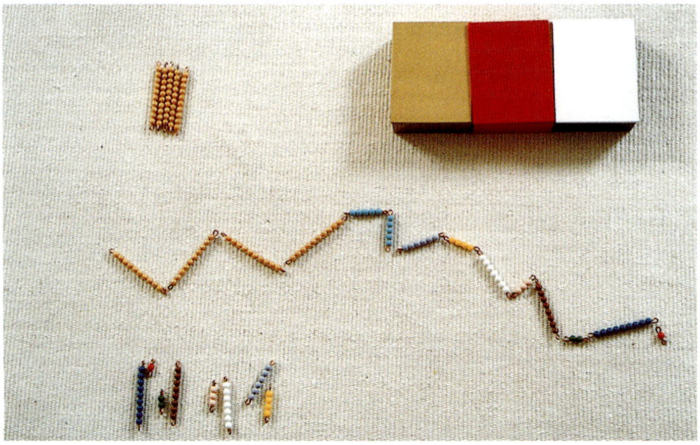

⑥ 색 구슬이 있던 자리에 금색 구슬을 놓아 바꾼다.

⑦ 유아와 함께 금색 구슬(10구슬)을 세어본다.

⑧ 색 구슬과 금색 구슬을 대응시켜 보면서 검산을 한다.

⑨ 금색 구슬과 색 구슬이 일치하면 답이 맞음을 알려준다. 작업지에 답을 적어 넣는다.

⑩ 색 구슬을 상자에 담고 카운터를 집어넣는다.

⑪ 교구를 교구장에 정리한다.

⑫ 매트를 말아 제자리에 정리한다.

〈제시 2〉

❶ 교구를 소개하고 매트를 가져온다.

❷ 교구를 매트 위에 가져온다.

❸ 색 구슬(1~10)을 ▽, △ 모양으로 계단을 만든다.
10의 구슬도 세로로 정리해 놓는다.
흑백 구슬도 ▽ 모양으로 계단을 만든다.
흑백 구슬은 빌려 주는 구슬이라고 설명한다.

❹ 문제지를 보고 색 구슬을 이용하여 색 구슬 뱀을 만든다.

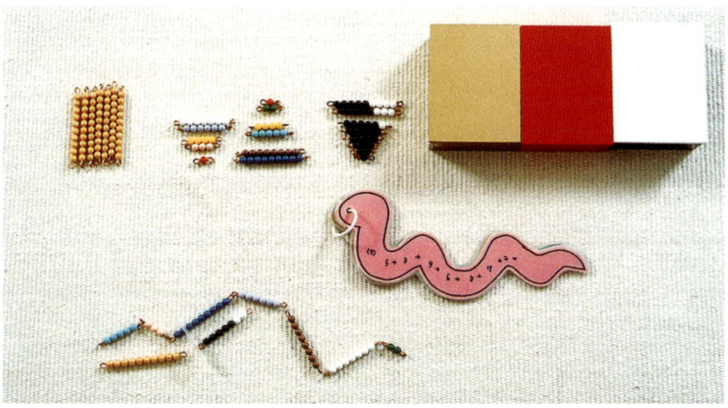

⑤ 카운터로 색 구슬을 센다. 세면서 10이 되면 십의 구슬과 교환해 주고 세고난 색 구슬은 매트 아래로 내려놓는다. 이때 10이 되고 남은 수에 맞게 흑백 구슬을 빌려온다.

⑥ 색 구슬과 금색 구슬을 대응시켜 보면서 검산을 한다.

⑦ 금색 구슬과 색 구슬이 일치하면 답이 맞음을 알려준다. 작업지에 답을 적어 넣는다.

⑧ 색 구슬과 흑백 구슬을 각각 상자에 담고 카운터를 집어넣는다.

⑨ 교구를 교구장에 정리한다.

⑩ 매트를 말아 제자리에 정리한다.

목 적

- 덧셈 연습을 강화시킨다.
- 구체적인 구슬 조작을 통한 덧셈의 이해를 돕는다.

흥 미 점

- 카운터로 색 구슬을 세어보는 것
- 색 구슬을 금색 구슬로 바꾸어 보는 것
- 색 구슬과 흑백 구슬을 대응시켜 보는 것

실수의 정정

- 10의 구슬과 바꾼 색 구슬의 개수가 틀린 경우
- 정정판의 답을 보고

Montessori

덧셈 암산판

Mathmetics

교 구

덧셈 암산판(1, 2, 3), 채워 넣기판, 숫자 타일, 작업지, 연필, 지우개

대상 연령

4.5~6세

선행 학습

덧셈판(더하기 막대)

제시 방법

덧셈 암산판 1

❶ 암산판 1을 매트의 중간에 놓는다.

❷ 문제카드를 꺼낸다.

㉮ 3+2

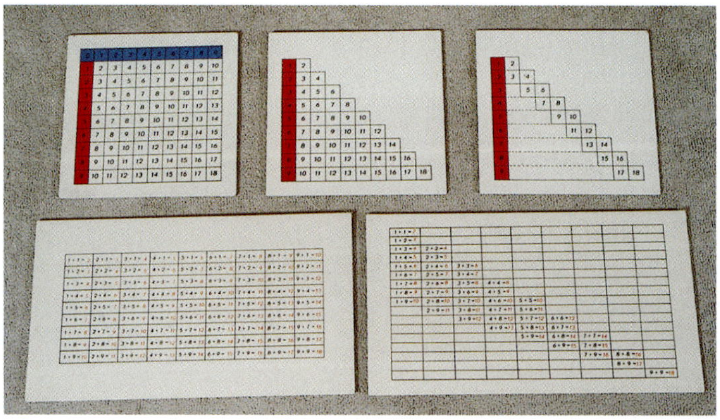

❸ 오른손 검지는 파란색이 칠해져 있는 자리 3에서 내려가고 왼손 검지는 빨간색이 칠해져 있는 자리 2에서 옆으로 간다.

❹ 두 손가락이 만나는 곳에 있는 숫자가 답이 된다.

❺ 정정판에서 3+2를 찾아서 답이 맞았는지 확인한다.

⑥ 다른 문제도 같은 방법으로 제시한다.

덧셈 암산판 2

① 암산판 2를 매트의 중간에 놓는다.

② 문제카드를 꺼낸다.

㉾ 3+4

③ 오른손 검지손가락으로 3을 짚어서 오른쪽으로 가고(3칸), 왼손 검지손가락으로 4를 짚어서 오른쪽으로 오른손이 있는 위치까지 간다(3칸).

④ 왼손 검지손가락은 그대로 있고 오른손 검지손가락이 왼손 검지손가락까지 내려온다. 두 손가락이 만나는 곳이 답이 된다.

⑤ 정정판에서 3+4를 찾아서 답이 맞았는지 확인한다.

⑥ 다른 문제도 같은 방법으로 제시한다.

덧셈 암산판 3

① 암산판 3을 매트의 중간에 놓는다.

② 문제카드를 꺼낸다.

㉾ 3+8

③ 오른손 검지손가락으로 3을 짚고 손가락을 오른쪽 끝까지 가서 3의 끝에 선다.

④ 왼손 검지손가락으로 8을 짚고 손가락 오른쪽 끝까지 가서 8의 끝에 선다.

⑤ 오른손 검지손가락은 한 계단 내려오고 왼손 검지는 한 계단 올라간다.

⑥ 같은 방법으로 점핑을 해나간다.

⑦ 두 손가락이 만나는 곳에 있는 숫자가 답이 된다. 만약 두 손가락이 만나지 않으면 오른손은 바로 밑으로 점핑하고 왼손은 왼쪽으로 점핑하면 두 손가락이 만난다. 그 지점에 있는 숫자가 답이 된다.
(짝수는 바로 만나고 홀수일 경우는 바로 만나지 않음)

⑧ 정정판에서 3+4를 찾아서 답이 맞았는지 확인한다.

⑨ 다른 문제도 같은 방법으로 제시한다.

덧셈 암산판 4 – 채워 넣기판

❶ 채워 넣기판을 매트의 중간에 놓는다.

❷ 암산판 오른쪽에 숫자 타일을 꺼내어 같은 숫자끼리 놓는다.

❸ 문제를 선택한다. ㉨ 2+7

❹ 오른손 검지로 파란색에서 숫자 2 위에 둔다.

❺ 왼손 검지로 빨간색에서 숫자 7 위에 둔다.

❻ 두 손가락이 만나는 곳에 왼손 검지를 두고, 오른손은 숫자 타일 9를 찾아서 올려놓는다.

❼ 다른 문제도 같은 방법으로 제시한다.

❽ 다한 후에 정정판과 답이 같은지를 확인한다.

목 적

- 한자리 수의 덧셈을 연습한다.
- 암산으로 하는 덧셈을 연습한다.
- 한자리 수의 덧셈의 답은 18보다 적다는 것을 안다.

흥 미 점

- 암산판을 채워 넣는 것
- 왼손과 오른손이 만나는 것
- 점핑하는 것

- 숫자 타일을 같은 것끼리 분류하는 것
- 기억에 의한 덧셈을 경험하는 것

실수의 정정

- 교사
- 유아 자신의 덧셈 능력
- 정정판

Montessori

색 구슬 곱셈

Mathmetics

교 구

1～10의 색 구슬이 여러 개 들어 있는 상자, 매트, 카운터, 문제카드, 지우개, 연필, 작업지

대상 연령

5～6세

선행 학습

은행 놀이 곱셈, 우표 놀이 곱셈

제시 방법

❶ 유아를 초대하여 교구를 소개하고 매트를 가져온다.

❷ 색 구슬 상자를 매트에 가져와서 매트의 오른쪽에 놓는다.

❸ 제일 먼저 곱하기 5단을 소개한다.

❹ 5의 구슬을 가로로 내려놓고 카운터로 수를 센다.

❺ 5의 구슬을 가로로 놓고 구슬 밑에 세로로 그 구슬만큼 해당하는 구슬을 세로로 놓는다.

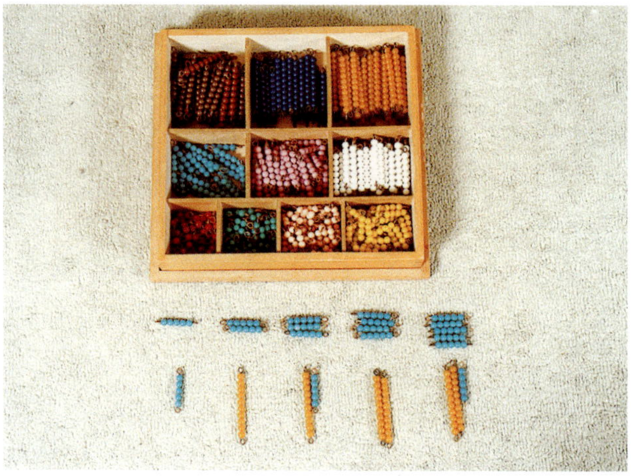

"5가 한 번 있으면 그대로 5이구나. 그럼, 5가 두 번 있으면 어떤 수가 되지요? 한 번 세어보자. 으음, 10이 되었구나. 그럼, 5의 구슬 2개 놓은 밑에 10의 구슬을 놓으면 되겠구나."

⑥ 같은 방법으로 5×10 정도까지 제시한다.

⑦ 다 해본 후에 금색 구슬과 색 구슬을 상자에 정리한다.

⑧ 곱셈 카드를 모아서 정리한다.

⑨ 5단을 처음에 제시해 주고난 다음 1단부터 소개를 한다. 곱셈 문제 카드를 만들어 함께 제시하기도 한다.

⑩ 교구를 교구장에 정리한다.

⑪ 매트를 말아 제자리에 정리한다.

목 적

- 곱셈의 연습을 한다.
- 구체물을 통한 곱셈의 원리를 이해시킨다.
- 기하와 대수의 간접적인 준비를 한다.
- 집중력, 자신감, 정확성을 기른다.

흥 미 점

- 구슬을 늘어놓는 것
- 구슬을 세는 것
- 곱셈 문제의 답을 구하는 것

실수의 정정

- 교사
- 구슬 세기
- 정정판

Montessori

곱셈판-빨간 구슬

Mathmetics

교 구

- 곱셈 구슬판
- 빨간 구슬 100개
- 1~10까지의 수카드, 곱셈 문제 카드
- 연필, 지우개, 노트 또는 작은 소책자

대상 연령

5세 이상

선행 학습

은행 놀이 곱셈, 우표 놀이 곱셈, 색 구슬 곱셈

제시 방법

❶ 유아를 초대하여 교구를 소개하고 매트를 가져온다.

❷ 매트의 중간 부분에 곱셈판을 놓는다.

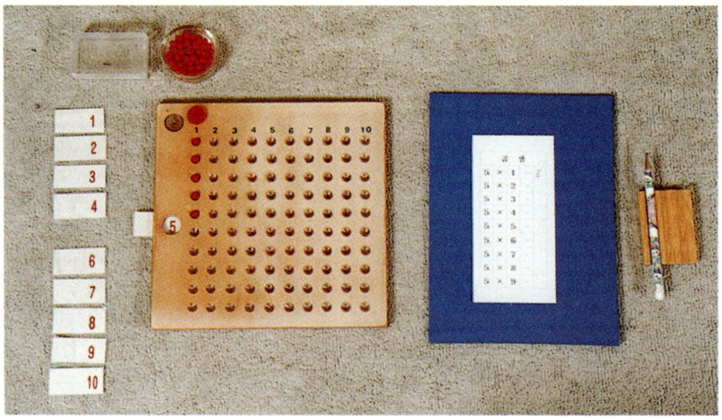

❸ 곱셈판의 왼쪽에 수카드 1~10까지를 세로로 놓는다.

❹ 곱셈판의 오른쪽에 빨간 구슬이 담긴 그릇을 놓는다.

❺ 곱셈 문제 카드를 하나 고른다.

㉠ 5의 곱셈판－5×1, 5×2, 5×3 …

⑥ 곱셈판 상단의 홈에 곱셈의 표시인 빨간색의 동그란 칩을 넣는다.

⑦ 빨간 표시칩을 1이라고 쓰여진 숫자 위에 놓고 세로로 구슬을 5개를 채워 넣는다.

"5가 한 번이면 5예요."

⑧ 표시칩을 숫자 2의 위로 옮겨놓고 다시 구슬을 꺼내어 세로로 5개를 채워 넣는다. 채워 넣으면서 수를 센다.

⑨ 5×9까지 계속한다.

⑩ 다른 문제도 같은 방법으로 제시한다. 곱셈 문제 카드를 사용할 때는 처음에는 5×1, 5×2, 5×3 … 처럼 차례대로 해보고 어느 정도 익숙해지면 임의의 카드를 제시해 주고 곱셈을 하게 한다.

⑪ 다한 후 수카드와 곱셈 문제 카드를 정리한다.

곱셈 구슬과 빨간 표시칩을 그릇에 정리한다.

⑫ 교구를 교구장에 정리한다.

⑬ 매트를 말아 제자리에 정리한다.

목 적

- 곱셈의 원리를 이해시킨다.
- 암산 곱셈-구구셈 학습을 위한 준비를 한다.
- 집중력, 자신감, 정확성을 기른다.

흥 미 점

- 수카드에 대응하는 빨간 구슬의 수를 보는 것
- 구슬을 세는 것
- 빨간 바둑알을 옆으로 옮기는 것
- 큰 수카드를 사용할수록 구슬의 수가 많아지는 것을 보는 것

실수의 정정

- 교사의 확인
- 구슬 세는 것

Montessori

곱셈 암산판

Mathmetics

교 구

곱셈 암산판(1, 2), 채워 넣기판, 숫자 타일

대상 연령

5세 이상

선행 학습

곱셈판(구슬)

제시 방법

〈곱셈 암산판 1〉

❶ 정정판을 매트 위에 놓는다.

❷ 곱셈 암산판을 정정판 밑에 놓는다.

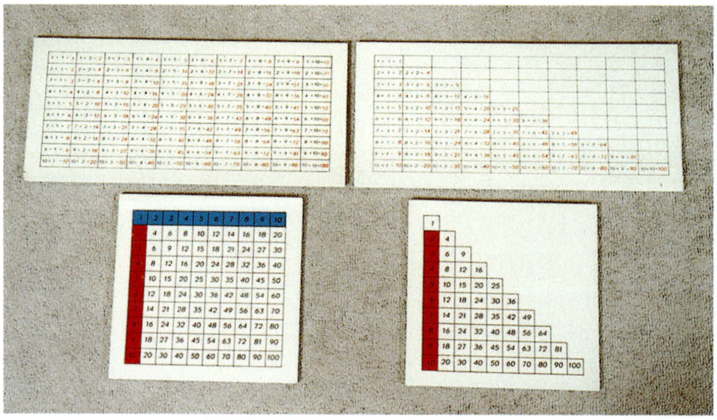

❸ 문제카드를 꺼낸다. 예 3×7

❹ 오른손 검지는 파란색이 칠해져 있는 자리 3에서 아래로 왼손 검지는 빨간색이 칠해져 있는 자리 7에서 옆으로 간다.

❺ 두 손가락이 만나는 곳에 있는 숫자가 답이 된다. 답을 쓴다.

❻ 정정판에서 3×7을 찾아서 답이 맞았는지 확인한다.

❼ 다른 문제도 같은 방법으로 제시한다.

〈곱셈 암산판 2〉

❶ 암산판 2를 매트의 중간에 놓는다.

❷ 문제카드를 꺼낸다. 예 2×8

❸ 오른손 검지손가락으로 2를 짚어서 오른쪽으로 가고(2칸), 왼손 검지손가락으로 8을 짚어서 오른손이 있는 줄까지 오른쪽으로 간다(2칸).

❹ 왼손 검지손가락은 그대로 있고 오른손 검지손가락이 왼손 검지손가락까지 내려온다. 두 손가락이 만나는 곳이 답이 된다.

❺ 정정판에서 2×8을 찾아서 답이 맞았는지 확인한다.

❻ 다른 문제도 같은 방법으로 제시한다.

〈곱셈 암산판 3-채워 넣기판〉

❶ 정정판을 매트 뒤에 놓는다.

❷ 채워 넣기판을 정정판 밑에 놓는다.

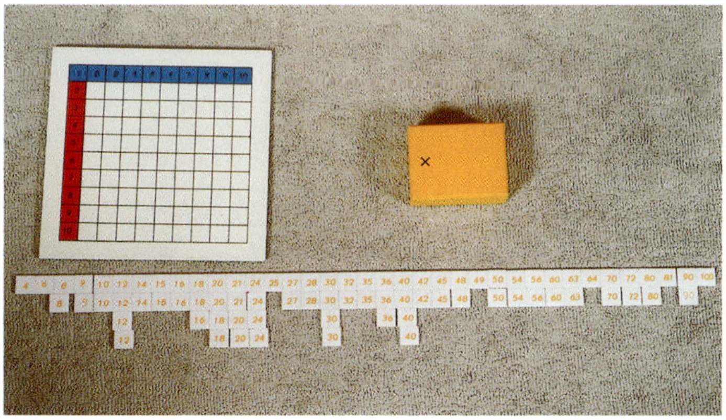

❸ 암산판 오른쪽에 숫자 타일을 꺼내어 같은 숫자끼리 놓는다.

❹ 문제를 선택한다. 예 6×4

❺ 오른손 검지를 파란색에서 숫자 6 위에 둔다.

❻ 왼손 검지는 빨간색에서 숫자 4 위에 둔다.
오른손은 아래로 왼손은 오른쪽으로 움직여 두 손가락이 만나도록 한다.

❼ 두 손가락이 만나는 곳에 왼손 검지를 두고, 오른손은 숫자 타일에서 숫자 24를 찾아서 올려놓는다.

❽ 다른 문제도 같은 방법으로 제시한다.

❾ 다한 후에 정정판과 답이 같은지 확인한다.

목 적

곱셈의 암산 연습을 한다.

흥 미 점

- 암산판을 채워 넣는 것
- 왼손과 오른손이 만나는 것
- 숫자 타일을 같은 것끼리 분류하는 것
- 기억에 의한 곱셈을 경험하는 것

실수의 정정

- 교사의 확인
- 정정판에 의하여

Montessori

뺄셈판-막대

Mathmetics

교　구

- 뺄셈판
- 갈색 막대
- 파란색 막대 1~9
- 빨간색 막대 1~9
- 연필과 지우개, 작업지, 뺄셈 문제 카드

대상 연령

4.5~6세

선행 학습

10진법의 여러 가지 활동들, 뺄셈의 기초적인 활동들

제시 방법

❶ 유아를 초대하여 교구를 소개하고 매트를 가져온다.

❷ 뺄셈판을 매트 가운데에 놓는다.

❸ 교구 상자의 뚜껑을 열어 파란 막대와 빨간 막대를 꺼낸다.

❹ 파란 막대를 뺄셈판의 왼쪽 편으로 9막대가 제일 위로 가게 해서 계단처럼 만들어 나열한다.

⑤ 빨간 막대도 같은 방법으로 나열하는데 빨간 막대는 뺄셈판의 오른쪽 편에 오게 한다.

⑥ 갈색 막대를 꺼내어 뺄셈판의 왼쪽 위에 길이가 가장 짧은 것부터 차례대로 위로 나열한다.

⑦ 뺄셈 문제 카드를 하나 선택하여 읽어 본다. ㉠ 8－1=9

갈색 막대로 8 이후의 부분을 가린다.

파란 막대 1을 골라 갈색 막대 왼편(8)에 놓는다.

⑧ 8－1의 답(7)을 직접 막대를 놓으면서 확인해 본다.

⑨ 임의의 문제를 유아가 낼 수도 있다.

⑩ 정리할 때는 파란 막대는 9~1의 순서로 집어넣고 빨간 막대는 반대로 1~9의 순서대로 파란 막대 9 옆에서부터 넣는다.

갈색 막대도 가지런히 정리를 한다.

⑪ 뺄셈 문제 카드를 정리한다.

⑫ 교구를 교구장에 정리한다.

⑬ 매트를 말아 제자리에 정리한다.

목 적

- 뺄셈의 기초 과정을 구체적인 단계로 이해시킨다.
- 뺄셈의 이해를 강화시킨다.

- 뺄셈의 반복적 연습을 한다.
- 뺄셈과 덧셈 사이의 관계를 이해시킨다.
- 정확성, 집중력, 자신감을 기른다.

흥 미 점

- 막대들로 계단을 만들어 놓는 것
- 갈색 나무 막대로 수를 덮어서 가리는 것
- 두 막대를 사용하여 뺄셈을 하는 것

실수의 정정

- 교사의 확인
- 뺄셈판 위쪽의 숫자
- 정정판

응 용

교사가 구두로 내주는 문제를 풀도록 한다.

- 교구의 단순화
  하드보드지로 뺄셈판의 두 칸 정도만 해서 간단히 만들어도 좋고 갈색 막대자 중 가장 긴 막대만 사용해도 무방하다.
- 첫 번째 제시에서는 답이 파란 줄 왼쪽에만 나올 수 있도록 문제를 제시한다.
- 각 교구마다 소책자를 만들어 놓는다.

Montessori

빼셈 암산판

Mathmetics

교 구

빼셈 암산판 1, 채워 넣기판, 숫자 타일

대상 연령

4.5~6세

선행 학습

빼셈판(막대)

제시 방법

〈빼셈 암산판 1〉

❶ 빼셈 암산판을 매트의 중간에 놓는다.

❷ 문제카드를 꺼낸다. ⓔ 15－6

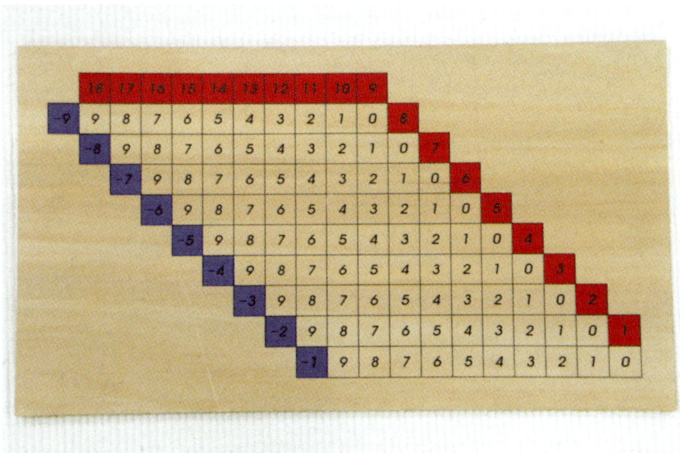

❸ 오른손 검지로 빨간색이 칠해져 있는 자리 15에서 내려가고 왼손 검지는 파란색이 칠해져 있는 자리 6에서 옆으로 간다.

❹ 두 손가락이 만나는 곳에 있는 숫자가 답이 된다. 답을 쓴다.

❺ 정정판에서 15－6을 찾아서 답이 맞았는지 확인한다.

❻ 다른 문제도 같은 방법으로 제시한다.

〈뺄셈 암산판 2-채워 넣기판〉

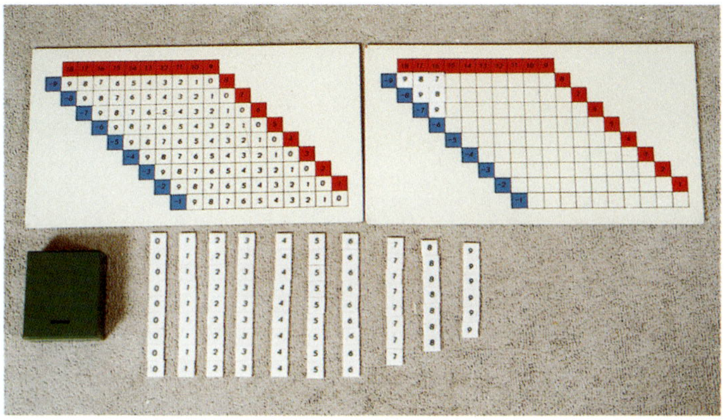

❶ 채워 넣기판을 매트의 중간에 놓는다.
❷ 암산판 오른쪽에 숫자 타일을 꺼내어 같은 숫자끼리 놓는다.
❸ 문제를 선택한다. ㉓ 13－7
❹ 오른손 검지를 빨간 줄에서 숫자 13 위에 둔다.
❺ 왼손 검지를 파란 줄에서 숫자 7 위에 둔다.
❻ 두 손가락이 만나는 곳에 왼손 검지를 두고, 오른손으로 숫자 타일에서 6을 찾아 올려놓는다.
❼ 다른 문제도 같은 방법으로 제시한다.
❽ 다한 후에 정정판과 답이 같은지 확인한다.

목 적

- 뺄셈 연습을 강화시킨다.
- 암산에 의한 뺄셈을 연습시킨다.

흥 미 점

- 암산판을 채워 넣는 것
- 왼손과 오른손이 만나는 것
- 숫자 타일을 같은 것끼리 분류하는 것
- 기억에 의한 뺄셈을 경험하는 것

실수의 정정

- 교사의 확인
- 정정판에 의하여

Montessori

나눗셈판-초록 구슬

Mathmetics

교 구

- 나눗셈판
- 81개의 초록색 구슬
- 9개의 작은 초록색 인형
- 문제와 답을 쓸 수 있는 종이와 연필
- 나눗셈 문제 카드와 바구니

대상 연령

6세 이상

선행 학습

은행 놀이 나눗셈, 우표 놀이 나눗셈

제시 방법

❶ 유아를 초대하여 교구를 소개하고 매트를 가져온다.

❷ 매트의 중간 부분에 나눗셈판을 놓는다.

❸ 나눗셈판의 오른쪽에 초록 구슬이 담긴 그릇을 놓는다.

❹ 나눗셈 문제 카드를 하나 골라 읽어본다.

㉄ 21÷3

❺ 구슬 상자 뚜껑에 구슬을 21개 세어서 꺼낸다.

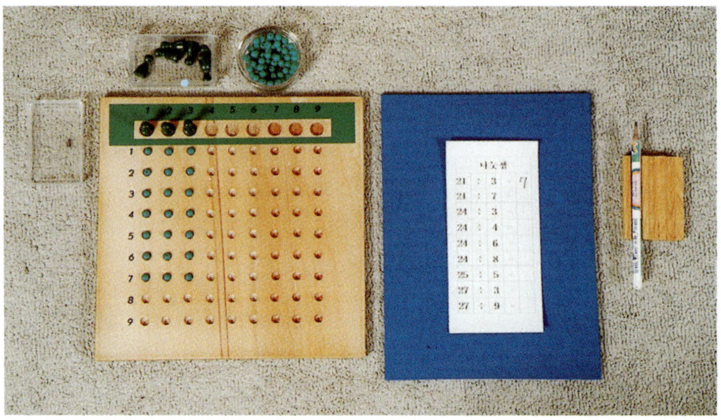

⑥ 나눗셈 인형을 나눗셈판 위에 3개 꽂는다.

⑦ 구슬을 나눗셈 인형에게 똑같이 나누어 준다.

⑧ 다 나누어 주고나서 인형 한 개가 가지고 있는 구슬의 수를 센다. 답을 문제지에 적는다.

⑨ 다른 문제도 같은 방법으로 제시한다.

⑩ 나눗셈 인형을 정리하고 문제카드를 정리한다.
구슬을 구슬 상자에 정리한다.

⑪ 교구를 교구장에 정리한다.

⑫ 매트를 말아 제자리에 정리한다.

목 적

- 나눗셈의 연습을 한다.
- 암산을 위한 준비를 한다.
- 나눗셈의 개념을 이해시킨다.

흥 미 점

- 나눗셈 인형이 같은 수의 구슬을 갖는 것을 보는 것
- 구슬이 놓여져서 만드는 패턴을 보는 것
- 답을 쓰는 것

실수의 정정

- 구슬이 남거나 모자랄 때
- 인형들이 가진 구슬의 수가 다를 때
- 정정판

Montessori

나눗셈 암산판

Mathmetics

교　구

나눗셈 암산판 1, 나눗셈 암산판 2, 채워 넣기판, 숫자 타일

대상 연령

6세 이상

선행 학습

나눗셈판(구슬)

제시 방법

〈나눗셈 암산판 1〉

❶ 매트 위에 암산판을 놓는다.

❷ 문제카드를 꺼낸다. ㉠ 36 ÷ 6

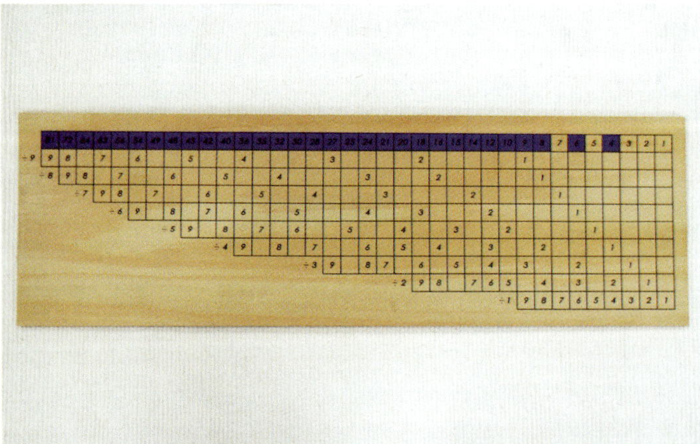

❸ 오른손 검지로 36을 짚어서 아래로 내려오고, 왼손 검지로 ÷6의 자리를 짚어서 옆으로 가서 두 손이 맞닿는 곳에 있는 숫자가 답이 된다.

❹ 답을 작업지에 적어 넣는다.

❺ 다른 문제도 같은 방법으로 제시한다.

〈나눗셈 암산판 2 – 채워 넣기판〉

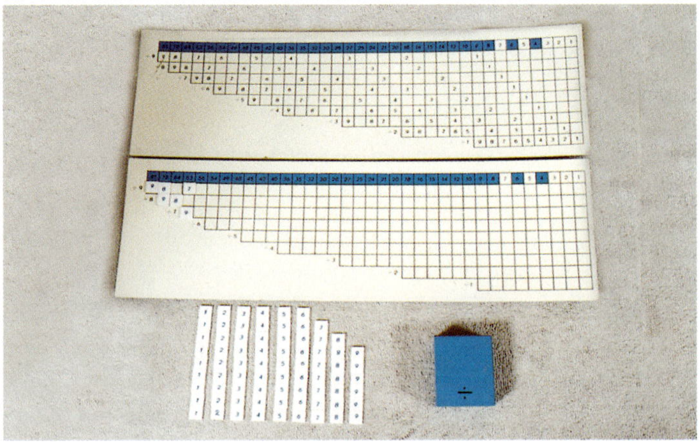

❶ 정정판을 매트 위에 놓는다.

❷ 채워 넣기판을 정정판 밑에 놓는다.

❸ 암산판 오른쪽에 숫자 타일을 꺼내어 십의 자리가 같은 숫자끼리 나열한다.

❹ 문제를 선택한다. ㉾ 10÷5

❺ 오른손 검지로 10을 짚어서 수직으로 내린다.

❻ 왼손 검지로 ÷5의 자리를 짚어서 옆으로 간 후, 두 손이 맞닿는 곳에 답을 쓰는데 왼손 검지로 그 자리를 짚고 오른손으로 숫자 타일 2를 찾아서 올려놓는다.

❼ 다른 문제도 같은 방법으로 제시한다.

목 적

- 나눗셈의 연습을 강화시킨다.
- 암산에 의한 나눗셈을 연습한다.

흥 미 점

- 암산판을 채워 넣는 것
- 왼손과 오른손이 만나는 것

- 숫자 타일을 같은 것끼리 분류하는 것
- 기억에 의한 나눗셈을 경험하는 것

실수의 정정

- 교사의 확인
- 정정판에 의하여

| Chapter 6 |

분 수

Montessori

분수의 소개

Mathmetics

교 구

감 또는 여러 과일들, 칼, 종이, 가위, 쟁반, 연필

대상 연령

5세 이상

선행 학습

수의 기초 개념 이해, 사칙 연산의 이해 교구

제시 방법

❶ 분수의 개념 소개를 위한 준비물을 책상(또는 매트) 위로 가져온다.

❷ "선생님이 감을 가지고 왔어요. 선생님이 친구들에게 분수를 가르쳐 주려고 해요."
"감이 하나 있지요? 하나면 1이에요. '1.'"

❸ 종이에다 연필로 숫자 '1' 을 쓴 후 감 아래쪽에 놓는다.

❹ 감을 2등분한다. "감이 몇 개가 되었지요?"
(유아들은 2개라고 대답하는 경우가 많다.)

❺ 한 개를 반으로 잘라서 2개가 되었을 때는 2개가 아니에요.
이럴 때는 1/2이라고 하는 거예요. "1/2."

❻ 종이에 1/2을 2장 써서 이등분해 놓은 감 아래쪽에 각각 놓는다.

❼ 감 1/2을 각각 반으로 또 잘라본다.

❽ 감 1/2을 잘라 4조각이 나오도록 한다.
"이건 4개인가요?" "아니요."

❾ "감 1/2 두 개를 잘라서 4개가 나올 때 그 중의 한 개를 1/4이라고 하는 거예요." "1/4."

❿ 종이에 1/4을 4장 써서 4등분해 놓은 감 아래쪽에 각각 놓는다.

⓫ "1/4이 몇 개가 있나요?" "4개요."

⓬ "이걸 선생님이 깎아서 나누어 줄 거예요."

⑬ 감을 깎아 유아에게 주고 먹게 한다.

⑭ "우리 친구는 감을 얼만큼 먹는 거예요?" "1/4만큼요."
"그래요. 우리 친구는 감을 1/4만큼 먹고 있어요."

⑮ 교구를 교구장에 정리한다.

목　적

분수의 개념을 이해한다.

흥 미 점

하나가 나눠진 것 중 1조각을 부르는 명칭

실수의 정정

교사에 의해서

응　용

여러 가지 자연물로 할 수 있다.

언　어

감, 칼, 분수, 반, 1/2, 1/4

Montessori

분 수 봉

Mathmetics

교 구

분수봉 1, 분수봉 1/2, 분수봉 1/3, 분수봉 1/4

대상 연령

5세 이상

선행 학습

분수의 소개

제시 방법

〈제시 1〉

❶ 교구를 가져와 매트 위에 놓는다.

❷ "우리 친구들 중에 혼자서 사는 친구가 있어요?" "아니요."

❸ "누가 혼자 사는 걸 봤어요?" "네, 고모요."

❹ "그럼, 두 명이 사는 가족이 있어요?" "네, 할아버지, 할머니요."

❺ "그럼, 세 명이 사는 가족이 있어요?" "네, 아빠, 엄마, 철수요."

⑥ "그럼, 네 명이 사는 가족이 있어요?" "네, 아빠, 엄마, 영희, 동생이요. 이 사람들은 모두 다 가족이에요."

⑦ "고모처럼 혼자서 한 가족을 이루면 한 사람이 '1' 이에요." "1." "고모는 '1' 이에요."

⑧ 분수봉 1을 놓고 그 밑에 종이에 '1' 을 적어 놓는다.

⑨ "할아버지, 할머니처럼 둘이서 한 가족을 이루면 두 사람 중의 하나는 '1/2' 이에요."

⑩ "할아버지도 1/2, 할머니도 1/2이에요."

⑪ 분수봉 1/2을 놓고 종이에 1/2을 적어 분수봉 밑에 각각 놓는다.

⑫ "철수 가족처럼 셋이서 한 가족을 이루고 있으면 그 중의 한 사람을 '1/3' 이라고 해요."

⑬ "아빠도 1/3, 엄마도 1/3, 철수도 1/3이에요."

⑭ 분수봉 1/3을 놓고 종이에 1/3을 적어 분수봉 밑에 각각 놓는다.

⑮ "영희 가족처럼 넷이서 한 가족을 이루고 그 중의 하나를 '1/4' 이라고 해요."

⑯ "아빠도 1/4, 엄마도 1/4, 영희도 1/4, 동생도 1/4이에요."

⑰ 분수봉 1/4을 놓고 종이에 1/4을 적어 분수봉 밑에 각각 놓는다.

〈제시 2〉 분수봉과 분수판 짝짓기

❶ 분수판 1에 분수봉 1을 올려놓는다.
❷ 분수판 1/2에 분수봉 1/2을 올려놓는다.
❸ 분수판 1/3에 분수봉 1/3을 올려놓는다.
❹ 분수판 1/4에 분수봉 1/4을 올려놓는다.

목 적

분수의 개념을 시각적으로 알 수 있다.

흥 미 점

여럿이 모여 하나가 되고 그 중의 하나를 분수로 부르는 것

실수의 정정

교사

응 용

분수책 만들기 : 분수판을 종이에 대고 그려 오린 후 분수판과 똑같이 책을 만든다. 1, 1/2, 1/3, 1/4을 오려서 붙인다.

언 어

분수, 분수판, 분수봉, 1, 1/2, 1/3, 1/4

Montessori

분수 철판 도형

Mathmetics

교 구

분수 철판 도형, 종이, 연필, 풀, 가위

대상 연령

5세 이상

선행 학습

분수의 소개, 분수봉

제시 방법

〈제시 1〉 감각적 소재

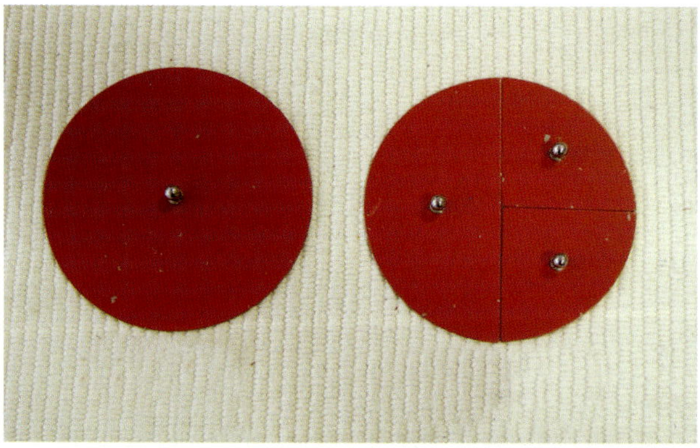

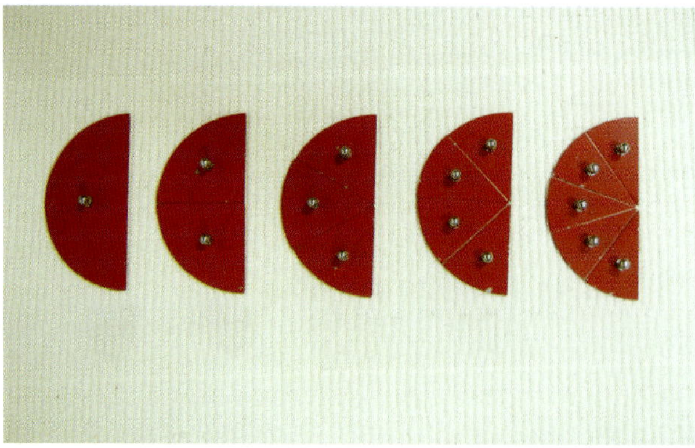

❶ 유아를 초대하여 교구를 가져와 매트 위에 놓는다.

❷ 분수 철판 도형에 있는 '1' 의 도형을 꺼내 보여준다. "지난 번에 우리 분수를 배웠지요? 이것은 원 1개가 하나로 되어 있어서 1이에요. '1.'"

❸ 분수 철판 도형에 있는 '1/2' 의 도형을 꺼내 보여준다. "이건 원 하나를 둘로 나누었어요. 원 하나를 둘로 나눈 것은 1/2이라고 해요. '1/2.'" "1/2."

❹ 1/3, 1/4도 같은 방법으로 소개한다.

❺ 1/2 하나를 빼고 그 곳에 무엇을 넣으면 나머지 1/2이 될 수 있을까?

❻ 1/2 하나를 빼고 그 자리에 1/4, 1/4을 넣어본다.

❼ 그럼, 1/2 자리에 1/4 말고 뭘 또 넣을 수 일을까?

❽ 1/2 자리에 1/8, 1/8, 1/8, 1/8을 넣어본다.

❾ 1/3, 1/4도 같은 방법으로 감각적 소개를 한다.

❿ 다 해본 후 철판 도형을 정리한다.

〈제시 2〉 분수의 개념 소개

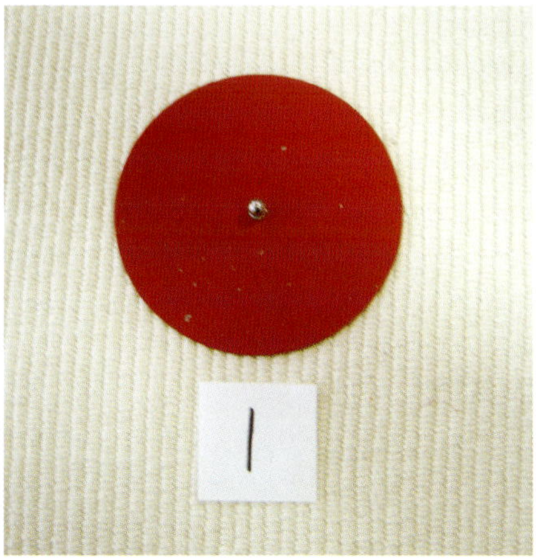

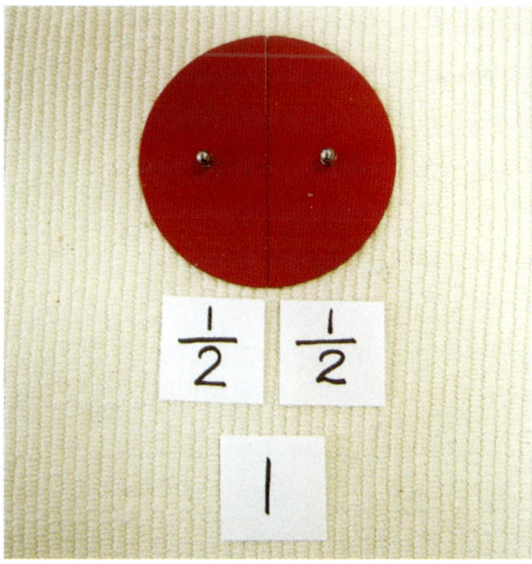

❶ "원이 하나로 되어 있으면 '1' 이지요?" '1' 을 종이에 써서 분수 철판 도형 밑에 놓는다.

❷ "원 하나를 둘로 나누면 그 중 한 개는 '1/2' 이에요." '1/2', '1/2' 을 종이에 써서 분수 철판 도형 밑에 각각 놓는다.

❸ "원 하나를 셋으로 나누면 그 중 한 개는 '1/3' 이에요." '1/3', '1/3', '1/3' 을 종이에 써서 도형 밑에 각각 놓는다.

❹ 1/4, 1/5, 1/6, 1/7, 1/8, 1/9, 1/10도 같은 방법으로 소개한다.

❺ 교구를 교구장에 정리한다.

목 적

분수의 개념을 소개한다.

흥 미 점

하나가 나뉘어 여러 개가 되는 것

실수의 정정

교사

응 용

- 분수 도형을 그리고 오려서 분수책을 만들어 본다.
- 종이에 원을 그린 후 1, 1/2, 1/3, 1/4, 1/5, 1/6, 1/7, 1/8, 1/9, 1/10 만큼 가위로 잘라 종이에 붙여 분수책을 만들어 본다.

언 어

- 분수, 분수판, 분수봉, 1/2, 1/3, 1/4, 1/5, 1/6, 1/7, 1/8, 1/9, 1/10

참고 문헌

David, G. (1987). *Basic Montessori, learning activities for under fives*. N.Y.: St. Martin' s Press.

Lillard, P. (1972). *Montessori, a modern approach*. New York : Schocken.

Loeffler, M. (Eds.) (1992). *Montessori in contemporary American culture*. Portsmouth, NH: Heinemann.

Montessori, M. (1964). *The Montessori method* (Anne E. George, Trasns.). New York: Schocken. (Original work published 1912)

Montessori, M. (1965a). *Dr. Montessori' s own handbook*. New York: Schocken. (Original work published 1914)

Montessori, M. (1966). The Secret of childhood (M. Joseph Costelloe, Trans.). Notre Dame, In: Fides. (Original work published 1936)

Montessori, M. (1967a). *The abserbent mind* (A. Claude Claremont, Trans.). New York: Holt, Rinehart & Winston, Inc.

Montessori, M. (1967b). *The discovery of the child* (M. Joseph Costelloe, Trans.). New York: Fides Publishers, Inc.

배진영

Xavier 대학교 대학원 교육학 석사
미국 몬테소리 교사 자격증 (AMS : 3~6세)
국제 몬테소리 유치원 교사 역임

현 재 밤비니 교육센터 원장
청강문화산업대학 유아교육과 강사
분홍탑몬테소리연구소(PMI) 연구원
한국몬테소리교육연구회(KOMA) 상임연구원
한국몬테소리교육총연합회 이사

저서 · 역서 「동물에 관한 모든 것」, 「유아기 부모를 위한 핸드북」,
「몬테소리 일상생활영역」, 「몬테소리 감각교육」,
「몬테소리 언어교육」

송미령

Xavier 대학교 대학원 교육학 석사
미국 몬테소리 교사 자격증 (AMS : 3~6세)
0~3세 몬테소리 과정 수료
국제 몬테소리 유치원 원감 역임
경기대학교 사회교육원 겸임교수 역임

현 재 밤비니 교육센터 대표
분홍탑몬테소리연구소(PMI) 연구원
한국몬테소리교육연구회(KOMA) 상임연구원
한국몬테소리교육총연합회 이사

저서 · 역서 「몬테소리 대전집 14권」, 「새로운 세계를 위한 교육」, 「교육과 평화」,
「동물에 관한 모든 것, 「유아기 부모를 위한 핸드북」,
「몬테소리 일상생활영역」, 「몬테소리 감각교육」, 「몬테소리 언어교육」,

저자 소개

왕기은

Xavier 대학교 대학원 교육학 석사
미국 몬테소리 교사 자격증 (AMS : 3~6세)
청강문화산업대학, 신흥대학 유아교육과 강사 역임
한국몬테소리교육연구회(KOMA) 상임연구원 역임
현　　재 영광유치원 원장
　　　　　분홍탑몬테소리연구소(PMI) 연구원
　　　　　한국몬테소리교육총연합회 이사
저서 · 역서 「동물에 관한 모든 것」, 「유아기 부모를 위한 핸드북」,
　　　　　「몬테소리 일상생활영역」, 「몬테소리 감각교육」,
　　　　　「몬테소리 언어교육」

이성숙

중앙대학교 대학원 유아교육학 박사
미국 몬테소리 교사 자격증 (AMS : 3~6세)
홍익유치원 원장 역임
중앙대 유아교육과 강사, 협성대, 숭실대 교육대학원 겸임교수 역임
현　　재 한국유아교육센터 대표
　　　　　숭실대학교 교육대학원 유아교육과 강사
　　　　　분홍탑몬테소리연구소(PMI) 연구원
　　　　　한국몬테소리교육연구회(KOMA) 상임연구원
　　　　　한국몬테소리교육총연합회 부회장
저서 · 역서 「몬테소리 교육」, 「아이들의 비밀」, 「당신의 아이를 아십니까?」,
　　　　　「어린이는 어떻게 배우는가?」, 「유아기 부모를 위한 핸드북」,
　　　　　「유아생활지도」, 「분수」, 「몬테소리 일상생활영역」, 「몬테소리 감각교육」,
　　　　　「아동의 다양한 능력개발을 위한 프로젝트 스펙트럼 활동」,
　　　　　「몬테소리 언어교육」

2판

몬테소리 수학 교육

초 판 1쇄 발행 2006년 3월 31일
초 판 3쇄 발행 2014년 3월 10일
제2판 2쇄 발행 2023년 7월 14일

지은이 | 배진영 · 송미령 · 왕기은 · 이성숙
펴낸이 | 김기섭
편집인 | 이윤희
펴낸곳 | 창지사 www.changjisa.com
08589 서울시 금천구 가산디지털 1로 83 파트너스타워 1차 9층
전화 (02) 719-2211~3
팩스 (02) 701-9386
등 록 | 1977년 4월 28일 · 제1-421호

ISBN 978-89-426-1394-6 (93370)

값 15,000원